脱！あがり症

渡邉由規

同文舘出版

プロローグ

あの時、あがりさえしなければ、自分の思いを堂々と伝えることができたのに。本領発揮できたのに。

新しい環境、新しい人との出会い……自己紹介、雑談、初対面の人との会話。

大勢の前、可否が決まる場面……面接、スピーチ、プレゼンテーション。

人生の大切なタイミング、ここぞの瞬間に、何と……あがってしまった。

これまで準備してきたことが……一瞬にして、頭が真っ白になってしまった。

努力してきたにもかかわらず……すべては「あがり症」が足を引っ張る。

みなさんは、これまでのご自身の人生を振り返って、このような経験はなかったでしょうか？

実は、「あがる」出来事は、誰もが一度は必ず経験しています。そのせいで悔しい思い、悲しい経験をした。できることなら、あの時をもう一度やり直したい……。しかし、ずっとこの思いを抱えたまま過ごしていかなければならないのでしょうか？

この経験は、一生解決できないままなのでしょうか？

そんなことはありません。

克服の方法はきちんとあるのです。

みなさん、ご自身の未来像を少し想像してみてください。

この世から『あがり症』がなくなってくれたら、どんなに楽になれるだろう。どんな未来が待っているだろう。

人生の大舞台のタイミングで失敗したくない人。これから何かをはじめようとする人。あと一歩の勇気がほしい人。大勢の前で話す機会の多い人。人と仲よくなりたい人。新たな環境に入ろうとする人。自分の能力をうまく相手に伝えたい人。

そんなあなたへ、**絶対的ノウハウを、余すことなくこの本に詰め込みました。**

街の小さな話し方教室には、これまで、のべ1000名のビジネスマンが、連日仕事帰りにあがり症を克服するために通っています。人前で堂々と話せるようになるために。本来の自分を素直に表現できるようになるために。

そしてあがり症と向き合い、克服する技を覚え、体得しながら、各職場で活かせるようになったと自身の人生の変化を感じながら、見事なまでに自信をつけています。

こうして、あがり症で悩む受講生と日々向き合っていくうちに、その原因がどこにあるのか？　どうしたら克服して解決できるようになるのか？　その方法を具体的に見つけました。

そこで、少し考えてみましょう。


どうして、人は「あがる」と思いますか？


私たちの日々の生活には、あらゆる場面があります。

希望する職場で働きたい。そのためには面接がある。

昇進したい。お給料をアップさせたい。そのためには評価が決まる面談がある。

その他にも、年に数回のプレゼンテーションがある。人前で話す機会が増えた。

結婚式のスピーチを頼まれた。婚活パーティーでもっと話をしてみたい。

そんな時だからこそ、柔軟に思いを伝えたいと感じたことはありませんか？

つまり……人前に出る時、しかも希望を叶えたい欲求が強い時に飛び出す現象が「あがり症」です。

「あがり症」の原因は、ズバリ「対人」なのです。

そこで、あがり症克服の近道は、まずは「人前で人並に話せるようになること」だと私は確信しています。

大丈夫です!
あがり症は改善できます。

これまで、話し方教室で次々と起こっているあがり症の実態(ビフォー)と、対処の仕方とその結果(アフター)を紹介していきながら、理想論や情報ではなく、あがり症に悩む1000人の受講生たちの実例検証のあるノウハウとしてお伝えします。

みなさんに、あがり症の克服をより身近なものとして感じていただきたいと考えています。

そして、一番重要な、あがり症を克服するためのノウハウをギュッと濃縮して「わたゆき式話し型メソッド」と称し、話し方教室の受講生たちがこれまで克服してきたように、話す内容の作り方・練習の仕方のチェック項目とワンポイントアドバイスと、成果が伴った対処方法をご紹介します。

話し方は能力ではなく、スポーツと同じで、学びと練習を繰り返すことによって確実に上手くなります。

学校教育で抜け落ちていた、「話せるためのスキル」を余すところなく紹介し、あがり症克服の解決の糸口、一歩を踏み出すキッカケの書としてお役に立ちたいと思っています。

あがり症で本来の自分が出せず、自分の生き方を損なうことのないように、それを解決して、「人と人がつながる」この上ない喜びを一人でも多くの方に感じていただきたい。

これからお伝えするスキルは、みなさんにとって社会を生き抜くビジネススキルです。

『脱！　あがり症』

それは不可能ではなく、必要なのは小さな一歩を踏み出して、この本に書かれていることをやってみようと思う、みなさんのほんの少しの勇気です。

『脱！　あがり症　～あがり症受講生1000人を救った〝わたゆき式話し型〟を身につけよう～』

目次

第2章

「人前で人並に話せるようになる」には、どうしたらいい？

第3章

「わたゆき式話し型」メソッドⅠ（ロジックツリー活用編）

第4章

「わたゆき式話し型」メソッドⅡ（実践トレーニング編）

第5章 場面別あがり症の克服の仕方

装丁／大場君人
写真／善福克枝
本文DTP／マーリンクレイン

第1章

「脱！あがり症」ってどうするの？

1 あがりの原因は、「対人」

「私、渡邉由規と申します。どうぞよろしくお願いします」

今でこそ、「日本話し方協会」の理事長を務め、話し方に特化した事業を運営していますが、小さな頃は、現在とはまるっきり正反対の性格で、話すことを苦手としていました。厳格な父親の様子を日々窺いながら言葉を発するような女の子で、思いを上手に伝えたいのに伝えられない毎日を、ただただ過ごしていたのです。

私の思いは別のところにあるのに、父親に気に入られる言葉を選ばないと叱られるかも、と言葉に本心を乗せることができないので話せなくなるという、何とも困ったループにはまっていました。話すことよりも叱られたくない、父親には心地よい言葉を選ばなくてはいけない、という感情のほうが勝り、常に話すことは二の次だったのです。現在の私を知る人からは、「ウソでしょう!」との声が上がりそうですが、すべて本当のことです。父親の顔を見ただけで「あがる」という、切ない幼少期が私にもあったのです。

幼いながらも、なぜか必要以上に話すことに緊張を感じる毎日。大勢の人の前で話すなんて、想像したこともなかった小学1年生のある日、担任の先生から全校生徒の前で自分の意見・感想を発表するようにと言い渡されたのです。いっせいに向けられる多くの視線、何を話すのだろうと静まり返った体育館。声と足だけがガタガタと震え、高まる緊張だけがみんなに届き、思いはまったく伝わらなかった経験をしました。あの時の恐怖と恥ずかしさは、忘れたくても忘れられない、「あがる」と「話す」ことの原点になりました。

しかし、不思議な感覚ですが、「この失敗は諦めたらいけないこと！」と、本能的に何か感じるものがあり、気がつけば6年間を通して発表を続けていました。「先生、発表者は○○さんにしてください」と、苦手なことから距離を置くことも、拒否することもできたはずですが、機会を遠ざけることもなく、小学1年生での体験以降、全校集会の発表者として手を挙げることを選んでいたのです。

学校だったら、みんなの前だったら、私の思いを正直に話してもいいんだ、という解放感が、本来の私の感情を揺り動かしてくれたのかもしれません。ほんの小さな経験ですが、「いま」の立ち位置を作ってくれた大切な出発点です。「話す」と「あがる」という一番苦手なことに向き合って、悩みを克服するためにはどうすればいいだろう？　という、素朴な疑問と解決策を練った時間が、社会生活を生き抜くために必要なことだったと感じています。

小学校で、年を追うごとに身についた度胸は、少しずつ自信へと変わり、ただ感想を述べるだけではなく、いかに注目して聞いてもらうかということに集中していくようになりました。話すことで先生に褒められたり、話すことで友人に喜んでもらったりするシーンも続きました。

学生時代は、自ら放送委員を務め、マイクを通して声を届けること、聞き取りやすい話し方や聞き手の笑顔を誘う話術に関心が向かっていきました。知れば知るほど奥が深い「話すことの魅力」は、私の将来の選択に不可欠なものになっていきました。

社会人となって、いったんは「話す」ことから距離を置き、大手企業の秘書の道を選びましたが、テレビ・ラジオのレポーター、司会業といった「話す」仕事が自分の天職だと気づき、転職しました。おかげさまで、約20年の間に2000件以上の現場で経験を積ませていただきました。

ビジネスキャリアを積むことと同時に、結婚して家庭と子育てを優先する毎日も経験しています。数年前になりますが、長男が大学に進学し、第二外国語で「中国語」を選択したと報告を受けて間もない頃のことです。帰省した際に、覚えたての中国語をうれしそうに話す息子の姿が輝いて見えました。親として、子供の成長に喜びを感じていたのですが、なぜかその時、「私も中国語を話してみたい！」という衝動に駆られ、中国に関する知識も情報も薄いまま留学を決意し、中国大陸に渡りました。

文化・風習・習慣と、何もかもが日本とは異なる毎日。自らが選択し、決意したことでしたが、異国での時間は、私に話力とたくましさを授けてくれました。少しずつ中国語を覚えたことで会話が成り立ち、伝えるための工夫と文化を体得していきました。わからないことが一つひとつわかっていく。積み上げた先に喜びがあるという経験は、教わる側の気持ちを理解する上で、とても貴重な時間だったと思っています。

帰国後は、より話すことに意欲的になり、「話す」ことにもっと着目するようになりました。時を同じくして、「話し方を教わりたいんです」という声が多数寄せられ、自分なりに話し方の『型』を作って、平成24（2012）年に、「渡邉由規 話し方教室」を創業することにしました。

幼少期から創業するまでの間、私の中で大きな部分を占めていたのは「話す」ことと「あがる」ことでした。

自分自身の中で、「話すとあがる」という場面を克服してきたからこそ、日々、あがり症で悩む人の気持ちと向き合えるのだと思っています。

「あがり症」というと、ほとんどの人が相手を目の前にして緊張し、紅潮したり発汗することを繰り返す状態を言うようです。つまり、対人（ひと）なのです。モノが目の前にあってあがるということはないと思うのです。その人に評価されたい。その人にどう思われるのか。自分の実力は出せるかな。失敗はしないかな。ちょっとカッコつけてみたいんだけどな。いつも以上にスケールの大きな人に見られたいんだけどな。そういう自分の感情と、対相手からの評価が気になった時に出てくる症状が「あがり症」なのです。

「あがる」ということのそもそもの原因は、対人（ひと）です。相手にどう思われているかが気になっている状態です。つまり、目の前の「人」を意識すればするほど、あがるという症状が出てくるのです。

「あがり症」を克服するための近道は、「人前で人並に話せるようになるスキル」を身につけることです。このスキルは、何にも代えがたい一生ものの知識です。知識と経験の不足が、不安と「あがり症」を生み出しているのです。

雰囲気のある会場だから、式典が立派だから、プレゼンという緊張を強いられる場面だから、就活だから、結婚式だから、葬儀だからという理由で「あがる」のではなく、聞き手である「人」を意識して話すから「あがり症」になるのです。その原因は、まさに「対人」。このことをしっかりと理解できれば、あがり症は「100％」克服できます。

では、どういったことを学び、知ってスキルを身につけたらいいのかを、次の項目でご紹介しましょう。

2 やみくもに場数を踏んでもうまくはなれない

「あがる」ことの原因が、「モノ」や「シーン」ではなく「人」だとわかると、人は一般的に「会話」にこだわっていくようになります。「会話」は会って話すという字のごとく、「会話」にこだわると、話すシーンや人との接触回数を増やして、「あがり症」の解決に向かう行動をとっていくことになります。

具体的な例として、会社の上司が部下に対してよく使うフレーズは、「まず、場慣れするために経験を積んでみるか」という言葉です。人前で話す時間が設けられ、用意された予定原稿を読み上げて、その場を終えるという一連の流れです。こういったことを数回こなすと、慣れることで「あがり症が解決できた」という錯覚に陥るのです。

最近よくあるお問い合わせの例として、こういったものがあります。

「うちに入った新卒なんですが、3カ月ともたないんですよ。怒るわけでも厳しく接するわけでもないし、何がいけないんですかね？　マニュアルもありますよ、なのに辞めてしまうんですよ。どうしてですかね？」

これには、きちんとした原因と理由があります。新人の営業マンが研修時に先輩に同行して、あいさつ回りで使っていた言葉しか頭に入っていないことが大きいと言えます。ちょっとでも話すシーンや話す相手が異なった場合、対応力がまだ備わっていないため、一度でも失敗すると萎縮して、話すこと自体が怖くなるのです。

別の日に気持ちを入れ替えて、「今日は頑張るぞ！」という意気込みをもってクライアント先にのぞんでも、想定時間より長く話してもポイントを伝えきれなかったり、事前の下調べを疎かにして、お客様の前で満足に話すことができなかったというミスが続くと、「また失敗するのでは」という思考が脳に刷り込まれて、どんどん自信をなくしていくのです。

「失敗してもいいから、現場で慣れていこうよ！」という昔ながらの営業スタイルは、若い人の育った環境では馴染みがないため、今の時代にはフィットしません。マニュアルがあっても、数をこなして覚えさせる、身につけさせるといったものは、彼らには響かないのです。「会話」は、経験値や一般的なことができたらOKというわけにはいきません。短くわかりやすく、的確に話せるスキルがあってこそのものなのです。

「話し方」というスキルを自分の中に取り込んでから、場数を踏むという順番があると私は考えています。場数を踏むことで、話ができて「あがり症」が解消されるのではなく、**話し方のスキルを身につけることで臆する場面が少なくなり、「あがり症」が解決していく**のだと思います。

「あがり症」は、本人の性格の問題と片づけられがちですが、実は、後輩や新人の「あがり症」を、先輩や上司が作ってしまっているケースも十分にあるのです。

また、先日のセミナーでは、学生からこういった質問が寄せられました。

「先生、学校や家では、これまで『話し方』を教えてくれることってありませんでした。国語の授業はあっても『話し方』はないのです。それなのに、就活セミナーや面接前に、社会人になったら『話し方』が重要と言われるのです。

アルバイトする時でさえも面接は必ずあるし、これから就活に向けて面接だらけでどうしたらいいのでしょうか？　学校で面接対応について少しは教えてくれますが根本がわかりません。勉強をしたことがないし、戸惑うし。正直、よくわからないのです。何回も練習したらうまくできるようになるのですか」

たしかに、小学校から大学まで、教科として「話し方」があるわけではありません。生まれてから大人になっていく過程の中で、「話し方」は徐々に身につくこととしてとらえられています。さらに、ＳＮＳの利用や核家族の増加で、話すこと自体が減ってきているといった背景も「話し方」が身につかない要因のひとつになっています。小さな頃からパソコンやスマホに慣れ親しんでいて、知りたいことや興味のある情報は、すべてインターネット上で調べることが可能になって、人を介在させる意味がなくなっているのです。

しかし、社会人になるとそうはいかない、という現実が出てくるのです。会社に入ってインターネットがいくらできたとしても、「対人」に関してはやはり話さなくてはなりません。会社や組織に属すると、チームとしての連携が問われるため、コミュニケーション力、つまり会話能力は必ず求められるスキルとなります。これまでは話さなくても十分に生活が成り立ってきたのに、そこにギャップを感じる新社会人は多いのではないかと思います。

そして、もうひとつは女性の社会進出です。働くお母さんが増えていることは、日本全体の労働力の向上や女性の活躍を推進する意味では大切なことですが、お母さんと子どもたちが接する時間は少なくなっています。

また、限られた時間内で働くお母さん方は、時間を効率よく使わなければならないという現状から、子どもたちに指示・命令をする機会も増え、その結果、子どもたちが忙しいお母さんを目の前に、自分の意見を主張することができないといったことが生じてきます。そこで指示待ちの子どもたちが、間違いなく増え続けることになります。

逆に言うと、自分が考えなくてもお母さんが考えてくれるという現象が少なからず起こっているのです。他人と話さなくてもいいという環境の中で育った子どもたちが、高校を卒業するから、大学を卒業するから、社会人になったからという理由で、いきなり「話す」ことが重要だという場面に連れていかれるのです。

そこに、多くの子どもたちの戸惑いがあるのではないでしょうか。

必要に迫られて、短期間で「話し方」の善し悪しを学び、面接といった短く限られた場面でコミュニケーション力を判断されるという状況は、子どもたちにとってとても気の毒なことに感じます。大人の事情によって、やみくもに場数を踏ませることの弊害は、子どもたちの感情に大きな影を落とします。

「話し方」への嫌悪感や「あがり症」の人をこれ以上増やさないためにも、「話す」ための「話し方の知識」は、今後ますます重要になってくると思います。

しかし、やみくもに場数を踏んでも「話し方」はうまくはなりません。話し方の知識を身につけ、その上で効率よく場数を踏むことが問題解決の糸口なのです。

3 「喋る（しゃべる）」と「話す」は大違い！　まずはここを理解しよう！

さてみなさん、唐突で申し訳ありません。ここでひとつ、質問をさせてください。

「喋る」と「話す」の違いをおわかりですか？

正しく答えられる方は、次の項に読み進んでいただいても結構なのですが、復習の意味でページをめくっていただければと思います。明確に答えられないという「△」や「×」の方は、ここであらためて、正しい理解を深めてください。

では、そもそも「喋る」と「話す」とは、どういうことでしょう。

この2つに共通しているのは、次の3点です。

◆「口で表現」するということ

◆「ある程度まとまった長さ」が必要だということ

◆「伝達したい相手」がいること

「口を使う、声を出す、一定量の言葉がいる、一方的な行為ではない」というように、「喋る」と「話す」は似通った部分が多いので、意味合いの部分で誤解されがちなのですが、実は大きく分けると次のように違うのです。

【喋る】事柄に重点を置いている　印象は「くだけた感じ」

（例）長年付き合いのある友人とランチやショッピングに行って、「アレさぁ」とか「こないだのアノことについてだけど」と、簡単な言葉のやりとりだけで、相手の気持ちや自分の思いが伝わることがあります。近況や思いついたことなど、事柄を中心としたものなので、お互いの考えや思いを確認し合う際は、単語だけで十分なのです。

しかし、夜になって会話の内容を思い返した時に、「え〜、あの時の話、どっちだったかな？」と記憶が曖昧になっていて、どのような会話をしたかというとあまり思い出せない。つまり、記憶に残らない会話なのです。

以上のことから、「喋る」とは、思いついた「事柄」について会話をし、発したことを指すのです。

【話す】内容に重点を置いている　印象は「丁寧な感じ」

（例）プレゼンテーションや会議・講義といった場面では、聞き手により多くの情報を的確に伝えることが大切になります。そこで伝えたい内容を中心に構成する必要があるため、しっかりとした組み立てが必要となります。相手に理解と納得を促す他、聞き手の知識レベルや興味などをしっかりと分析したうえで言葉を選んでいくことが重要で、時間配分や伝える順番を考えて、いったん頭の中で整理をして言葉を発することを要します。

よりかしこまった席では、流行り言葉は避けて、どのような年代の人にも伝わるように話さなければなりません。つまり、「話す」とは、相手との距離を測りながら、伝える「内容」

について注視することを指すのです。

「喋る」と「話す」の違い、おわかりいただけましたか？

これらは混同しがちですが、正しく理解すると、「なるほど」と感じていただけると思います。

そこで、「脱！　あがり症」を実践していくには、この「話す」がポイントになってきます。上手な話し方については、第2章で詳しくご紹介していきますが、ここでは上手な話し方を身につけるための準備について、ご説明したいと思います。

体験会やセミナーの会場でもよくたずねるのですが、「みなさんは、上手な話し方を身につけるために、日頃からどんなことに気を配っていますか？」という問いには、「敬語を使う」「発声や滑舌をよくする」「間の取り方に注意する」といった答えが多く寄せられます。

このように、話し方のテクニックやポイントだけに注意が集まりがちですが、上手な話し方には、やはりコツがあるのです。どのあたりが違うのでしょうか？　喋る場合と話す場合の例で確認してみましょう。

（例）「昨日、私はお気に入りのショップへ買い物に行きました」

友人との会話では、「昨日ショップへ行った」と言うだけでも、相手は「ああ、いつものあのショップに買い物に行ったんだな」と考えながら、この言葉を聞くことができます。しかし、スピーチやプレゼンといった場面では、聞き手側に何の予備情報もない場合、「昨日ショップへ行った」だけでは、どこの何のショップなのか、というような部分が完全に抜け落ちて、さっぱりわからないのです。

聞き手に、具体的かつ必要な情報を選んで話をするように心がけるだけでも、話はかなりわかりやすく、あるいはイメージしやすくなります。情報を簡潔に発信するだけでも、「話す」ことに違いありませんが、「伝える」には、相手の理解が進むような情報を加えることが上手な話し方につながります。

「喋る」と「話す」、どちらも相手がいて初めて成り立つものです。シーンによって使い分けを楽しむことができれば、会話はもっと豊かなものになっていきます。今までのコミュニケーションを見直して「話し方の技術」を学ぶことで、「喋る」と「話す」の使い分けができるようになることは間違いないでしょう。

話す内容に重点を置いている「スピーチ」と「プレゼンテーション」、みなさんは、次の順番どおりに正しく構成できていますか？

スピーチ

スピーチとは、自分の思いを人の心に届けるものです。

相手の心に響くスピーチにするためには、何を伝えるかではなく、どう伝えるかの工夫が必要です。

■スピーチをする時のポイント

（1）切り出し（導入）〈聞き手を引き込む〉
- 話のテーマ
- 話の「つかみ」〈質問型、告白型、視覚型、ストーリー型　etc.〉
  場の空気をつかむ

（2）展開（つなぎ言葉の活用）
「つまり、したがって、すなわち、しかし、ところが、一方で……」
- 具体例、体験談
- 強調点、山場

（3）結び（印象に残る結び）
- 自分の気持ち、考えを力強く結ぶ

※感情に訴えるテクニック
- スピードを変える
- ジェスチャーで視覚的に訴える
- 声の高さ、ボイストーンを変える
- 色、明るさを表現する言葉を使う
- 擬音を使う〈ザーザー、ぽつぽつ　ｅｔｃ.〉
- 間の活用

プレゼンテーション

プレゼンテーションとは、相手が「納得し、意思決定をする」ことを目的とします。

■プレゼンテーションをする時のポイント

(1) 目的を明確にする

①相手の立場・経験・知識・レベルに合った内容であること
②提案内容が、相手に利益があると判断できる内容であること
③目的を絞る

(2) 相手分析

①人数
②年齢
③職業・役職
④今までの経験値

（3）内容の立案

階層図を作り上げる　［構成・柱づくり］

①パーツ（キーワード）を集める

●事実・裏づけ・仮説・例え話

※あらゆる角度から、箇条書きでポイントを書き出していく

●有力な数字、データ情報を取り入れる

●現状の問題点の洗い出し

●相手のメリットを書き出す

②パーツを決定する

●絞り込む

●無駄を省く

③自分自身の考え、思いは何なのか掘り下げる

（4）組立て

①階層図に当てはめて組立てていく

②ストーリー展開を構成していく

●簡潔に内容の絞り込み
●相手に合った話題
●時間内で話せる話題

4 「脱！　あがり症」になるためには

「脱！　あがり症」になるためには、「あがり症」の原因となる問題点や背景を正しく理解し、「対人」に関することをひとつずつ解決しないと、人前で堂々と話せるようにはならない、とお伝えしました。

第1章の4項はこれまでのおさらいです。これから「あがり症」を克服していく前に、なぜ、あなたが大事な場面で「あがって」しまうのか、をもう一度見直す必要があります。原因や背景がわかれば、対策を考えて、自信を呼び起こす方法がわかるからです。

「あがり症」を自他ともに認めているみなさん。

プレゼンを上司から言い渡された時、あなたは頭の中でこんなことを考えていないでしょうか？

◆発表者に選ばれた。「あがり症」の自分にはとても無理だ
◆当日のことを考えただけでも震えが止まらない
◆緊張すると声が小さくなって、言葉を嚙んでしまう
◆自分のことを、クライアントはどう見るだろうか
◆ちゃんと時間内に話し、伝えることができるだろうか
◆もし、たいへんな失敗をしたらどうしよう
◆上司や会社に迷惑をかける事態になったら……
◆プレゼンの前に、何から準備すればいいのか

まだ、プレゼンがはじまってもいないのに、「上司や会社に迷惑をかける事態になったら……」とか、「もし、たいへんな失敗をしたらどうしよう」という心配は、すべて現実に起きたことではありません。まだまだ手前の妄想です。このような不安は、頭の中に膨らんでいった「思考」から湧き上がっているものなのです。頭の中で考えて想像していることが、

まだはじまってもいない未来までを支配しているのです。

このような状態で「プレゼン」をしようとしても、「あがり症」独特の症状と言われる、

- ◆足がガクガク震える
- ◆冷や汗が出てくる
- ◆熱が出てくる
- ◆息が苦しくなって呼吸困難になる

といったことが自分自身の中に現われ、「プレゼン」＝「あがり症」発症というカタチができ上がってしまいます。これらのすべての原因は、あなた自身の「思考グセ」が根本にあります。

「対人」を思った時に「思考グセ」が邪魔をして、「あがり症」を生んでいるのです。ですから、このクセと言われる思考を変えることができれば、目の前の事象が変わるようになるのです。

この他に、「緊張すると声が小さくなって、言葉を噛んでしまう」「自分のことを、クライアントはどう見るだろうか」「ちゃんと時間内に話し、伝えることができるだろうか」といった心配は、準備し練習を繰り返すことで、十分に回避することができます。プレゼンテーショ

ンがうまくいく秘訣は、準備9割本番1割。それぐらい、用意周到に整えていくことが大事なのです。

「よし、何とかなるだろう！」と言って、プレゼンで十分な勝率をおさめている人は、この法則を心得ていて、効果的で効率のよい準備に勤しんでいるのです。

準備9割といっても、ここに挙げた3つの問題点の共通項は「話し方」。話し方の『型』を知ることで、ずっと抱えていた「不安や心配」が「安心や安定」に結びついていくのです。自分自身で『話し型』を体得し、スキルを磨いていくことで、「話し方」は見違えるほど変わっていきます。その体得のメソッドが、次章でご紹介する「わたゆき式話し型メソッド」です。

この「わたゆき式話し型メソッド」は、ロジカルなスタイルを踏襲していて、誰もが簡単にトライできるスタイルをとっています。20年以上にわたるMC（司会）の経験から生み出したオリジナルメソッドは、「渡邉由規　話し方教室」で約1000名以上の受講生の「話し方」を変えてきました。内容は、これまでの検証と結果をベースに「知識を取得して技術を体得する」という、いたってシンプルなものです。

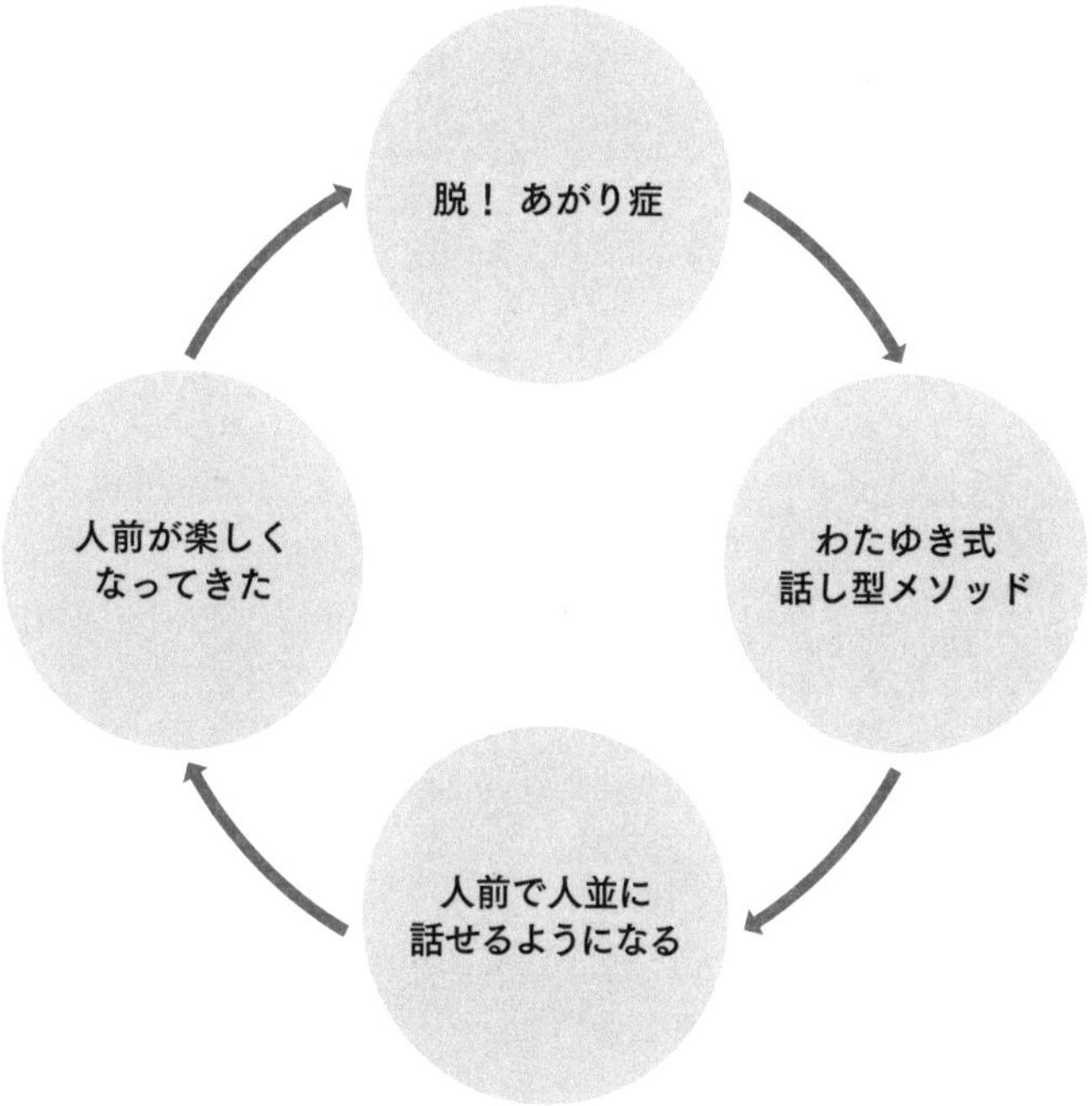
脱！ あがり症
わたゆき式
話し型メソッド
人前で人並に
話せるようになる
人前が楽しく
なってきた

「わたゆき式話し型メソッド」を実践する→「人前で人並に話せるようになる」→「人前が楽しくなってきた」→『脱！　あがり症』という一連のサイクルがルーチンとなって、誰でも簡単にあがり症を克服できます。

「脱！　あがり症」になる方法は、「思考」を変えることと「話し方」を見直すことに集約されます。第1章で「あがり症」の実態（ビフォー）をつかみ、第2章から第5章までは、「あがり症」の対処の仕方と具体的な成果（アフター）について説明していきます。

難しいことは一切ありません。「考え方を変える」「話し方に型を加える」。この2つに集中し、「見て覚え、マネて知り、イメージを高めて本番にのぞむ」というスタイルを選択していくだけです。話し方はスポーツと同じで、学びと練習を繰り返すことによって上手くなっていきます。

さあ、一緒にはじめましょう！

前向きな考えを頭にインプットして、今日から「やる！」と決めたあなた。

長くて暗いと感じた「あがり症」のトンネルを抜ける日は、もうすぐそこです。

第2章

「人前で人並に話せるようになる」には、どうしたらいい？

1 まずは、相手が自分をチェックするポイントを知ろう！

「はい。それでは、みなさんに自己紹介を行なっていただきます。1分間の時間をご用意しますので、ご自身のことをお話しください」

初めて開催される集まりやセミナーにおいて、最もよく耳にするフレーズです。主催者のあいさつの後に、参加者同士の交流と確認を行なう「自己紹介」は、なくてはならないプログラムのひとつに挙げられます。先のような言葉に続いてマイクが回ってくるか、会場が見渡せるところに立つか、というシーンの違いはありますが、自分で自分の経歴などを述べることに変わりはありません。

この自己紹介は、参加者同士の存在を開示するためにあるのですが、「あがり症」の人には苦痛そのものの行為となっています。

「注目を浴びる→話し方のチェックが入る→内容が判断される」という一連の流れは、まさに「公開面接」と言ってもいいでしょう。それぐらい、自己紹介は「あがり症」の人にはストレスフルな出来事なのです。

「あがり症」を自認されているみなさんからは、「できることなら、自己紹介を少しでもラクに、そして自然に行なうための方法をいち早く知りたい！」という声が聞こえてきそうですが、まずはその前にふだんの自己紹介がどういった感じで行なわれているのか、そして自分自身のどこにウイークポイントがあるのかを確認しましょう。

〈自分自身の棚卸し＝まずは、自分自身を知ろう〉

次の設問に、「はい」もしくは「いいえ」でお答えください。

No.	設　問	はい	いいえ
1	大勢の人がいる場所や人前に出ることが好きではない		
2	日頃から動作がゆっくりすぎる、もしくは早すぎる		
3	人から「猫背だね」と言われる、自分でも「猫背だな」と思う		
4	服装は清潔感があれば、色にも素材にもデザインにもこだわりがない		
5	喜怒哀楽の表情が少ない、もしくは喜怒哀楽が少ないと言われたことがある		
6	声が小さくて聞き取りにくい、と言われたことがある		
7	喋り方や話し方の抑揚が強く、独特だ！　と言われたことがある		
8	緊張したり、見られたりすると、いつも以上に早口になる		
9	話している内容が伝わってこない、と言われたことがある		
10	自分の長所や短所について、あらためてまとめたことがない		

いかがでしたか？　「はい」の数がひとつでもある人は、自己評価を低く扱っている、もしくは低く見積もっていると考えられます。

この設問にあることは、正しい情報を身につけることでウイークポイントが改善され、自己評価を上げていくことが期待されます。また、常に気になっている「自分のクセ」を意識して直していくことで、その後の自己紹介に変化が生じてきます。自分自身で気づいているウイークポイントは、自分だけでなく、話す相手も気づいていることが多いのです。

まさに、人は「話し」を見ている。見られていることに恥ずかしさを感じて距離を置くのではなく、見られているから、どう対処すればいいのかを考えて行動することが、「自己紹介」をスムーズに行なう一番の早道になります。

「はい」と答えた設問が自分のウイークポイントならば、この逆の答えや逆の行動を意識していくこと。話し相手が自分をチェックしているポイントは、まさに「自己紹介」の攻略法になります。

「あがり症」は性格だから、自分の短所だからと諦めずに、まずは相手が自分をチェックする時のポイントを知って、自己表現のスキルを高めていきましょう。自分らしい「自己紹介の型」を作ることで、不安と緊張の度合いがグッと減っていきます。

No.	話し相手からの印象	自己紹介　攻略法
1	緊張と警戒心が見える	緊張と警戒心を解く方法を知り、繰り返し練習する
2	動作が不安定	日頃から動作のリズムを一定にする
3	猫背で姿勢が悪い	姿勢を正し、猫背を直す
4	日によってイメージが違う	ファッションに自分らしさを加える
5	表情がわかりにくい	表情を通して感情の出し方の練習をする
6	声が聞き取りにくい	発声法を学ぶ、知る
7	自分の思いだけを喋っている	聞き手を意識した喋り方を学ぶ
8	時間内に話そうとしている	話すことだけに思いを込めた話し方をやめる
9	話の内容が頭に入ってこない	聞き手の理解度が進むような話の構成を考える
10	自己紹介が不明瞭だ	自分の長所や短所について、書き出してみる

～自己紹介は第一印象を決定づける大事な儀式～


自己紹介はなぜ必要なの？？

ある専門機関の統計によると、人の印象は「7秒」で決定すると言われています。

人間は瞬時に見た目で判断し、第一印象を覆すには約2時間の十分な話し合いが必要とされています。

ビジネスシーンでは、忙しい人ほど短い時間で物事を判断しています。「この人と仕事がしたい！」「この人と仲よくなりたい！」と、相手に好印象を与えられるか否かは、第一印象を左右する「自己紹介」にかかっているのです。

次の項では、「自己紹介」で好印象を作る「メラビアンの法則」についてご紹介します。

2 相手に好印象を持ってもらうためには？

みなさんは「メラビアンの法則」をごぞんじでしょうか？　「メラビアンの法則」とは、カリフォルニア大学ロサンゼルス校（ＵＣＬＡ）の心理学名誉教授であるアルバート・メラビアン氏が、彼の著書『Silent messages（邦題：非言語コミュニケーション）』の中で発表した概念のことを言います。

「コミュニケーションの際に、話している内容と、声のトーンや態度に矛盾があった時、人はどんな受け止め方をするか？」ということを研究し、法則化したものです。

メラビアンの法則によると、相手に伝わるのは、３つの情報とそれに応じた印象で、その割合は次のようになります。

◆視覚情報（55％）：見た目・表情・しぐさ・視線
◆聴覚情報（38％）：声の質・速さ・大きさ・口調

◆言語情報（7％）：話の内容、言葉そのものの意味

視覚情報＞聴覚情報＞言語情報

人物の第一印象は、初めて会った時の3～5秒で決まり、またその情報のほとんどを「視覚情報」から得ていると言います。

話の内容そのもの（言語情報）よりも、声のトーンや大きさ（聴覚情報）のほうが相手に伝わる影響力が大きく、声のトーンや大きさ（聴覚情報）よりもボディランゲージや見た目の印象（視覚情報）のほうが、相手に伝わる影響力が大きいということが数値化されているのです。

たとえば、「面白いね」と発しても、声のトーンや口調が「つまらなそう」であれば、それは相手に「つまらない」と伝わる率が高く、さらにボディランゲージや見た目がつまらないものとして映った場合には、よりそれが相手に伝わる割合が高くなる、ということなのです。

メラビアンの実験は、「好意・反感などの態度や感情のコミュニケーション」において、「メッセージの送り手がどちらとも取れるメッセージを送った」場合、「受け手側は声の調子

や視覚情報といったものを重視する」ということが導き出されたものです。

この実験から言えることは、コミュニケーションを図る場合には、まず見た目や全体の雰囲気、喋り方や声のトーンといったことを最優先したほうがよいということです。3〜5秒という限られた時間内に、相手の気持ちと好印象を得るための「メラビアンの法則」は、話し型のフェーズを学ぶためには有効と言えます。

「渡邉由規　話し方教室」では、この順番に則り、「話し方」や「伝え方」の授業よりも前に、相手に好印象を持ってもらうための授業を行なっています。

コミュニケーションは、まずメッセージ（言語情報）ありきです。聴覚や視覚のコミュニケーションが重要とは言え、「メッセージの質」を高めることは不可欠です。メッセージ自体が弱いもの・意味のないもの・価値のないものであれば、いくら聴覚や視覚の情報を強化しても、相手に伝わらないし、記憶にも残りません。

特に、プレゼンなどのコミュニーションは、この「メッセージ（言語情報）」が重要です。メッセージの質を高め、その上で聴覚や視覚の情報を強化していけば、「伝える力」は倍増していくはずです。

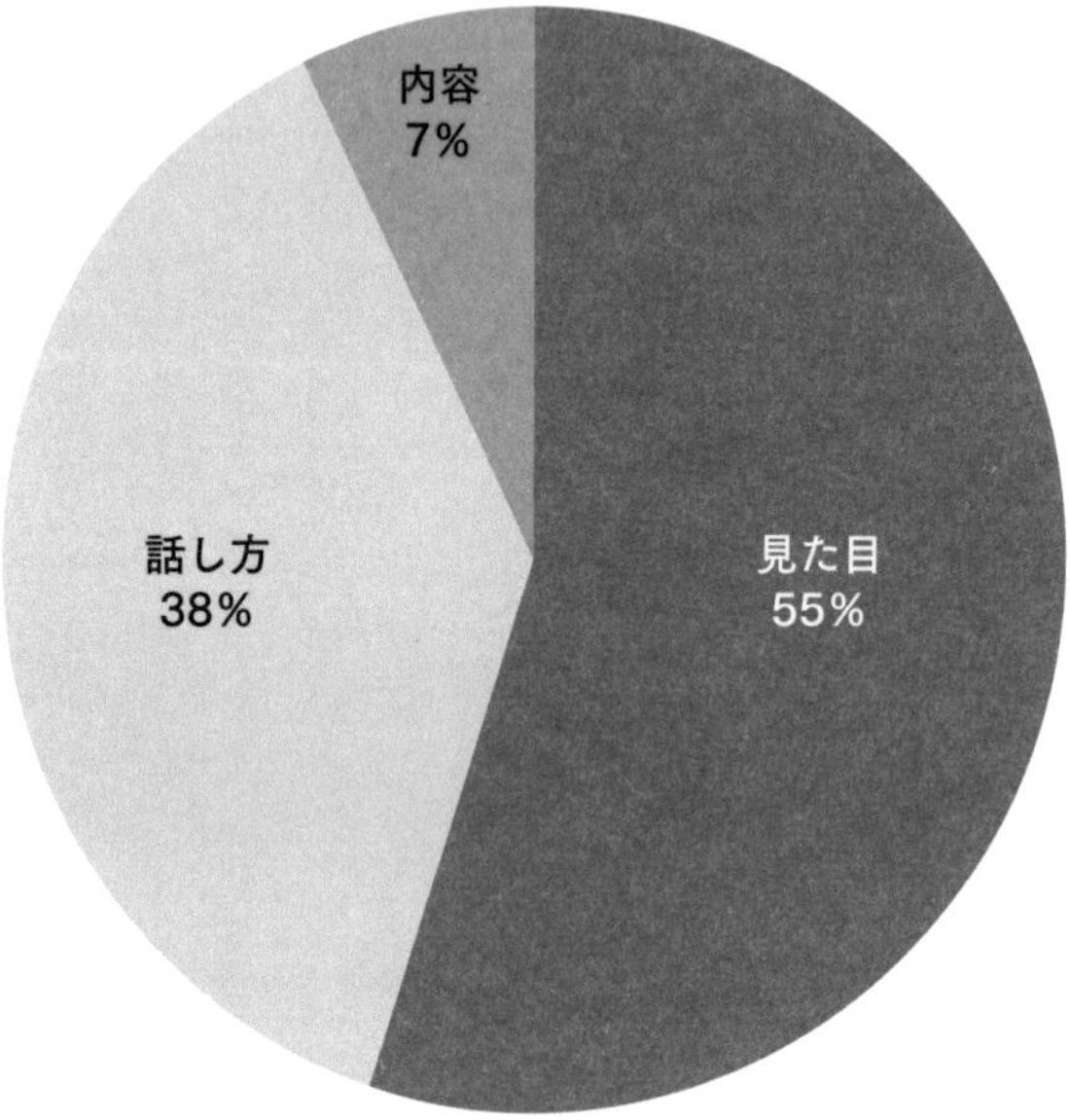

◎自己紹介のポイント！　人は話を「見ている」

メラビアンの法則では、人の第一印象は、

- 見た目（全体・動作・姿勢・服装・表情）……55%
- 話し方（声の質・速さ・口調）……38%
- 内　容（言葉そのものの意味）……7%

で決まると言われています。

人は視覚情報に頼り、見た目を重視する傾向があります。
自己紹介の際に人は相手の話を聞きながら、その人の「人となり」を見ています。

◇見た目で気をつける5つのポイント

（1）姿　勢……背筋を伸ばす。肩の力を抜いて手は自然におろす
お腹とおしり（体の中心）に力を入れる
（2）おじぎ……角度は30度、言葉との〝間〟を入れる
「ワン・ツー・スリー」で覚える
「ワン」相手をしっかり見る
「ツー」腰から折れる。背中を丸めたり、首を曲げない
話をしながらおじぎをしないようにする
「スリー」頭を上げて姿勢を正す
（3）笑　顔……口角を上げてさわやかな笑顔
（4）目　線……周りを見渡す。アイコンタクトはワン方向ワンセンテンス
（5）ジェスチャー……話を立体的にするために、手を使うと伝わりやすい
体の軸は動かさないよう気をつける

笑顔でやってみよう！

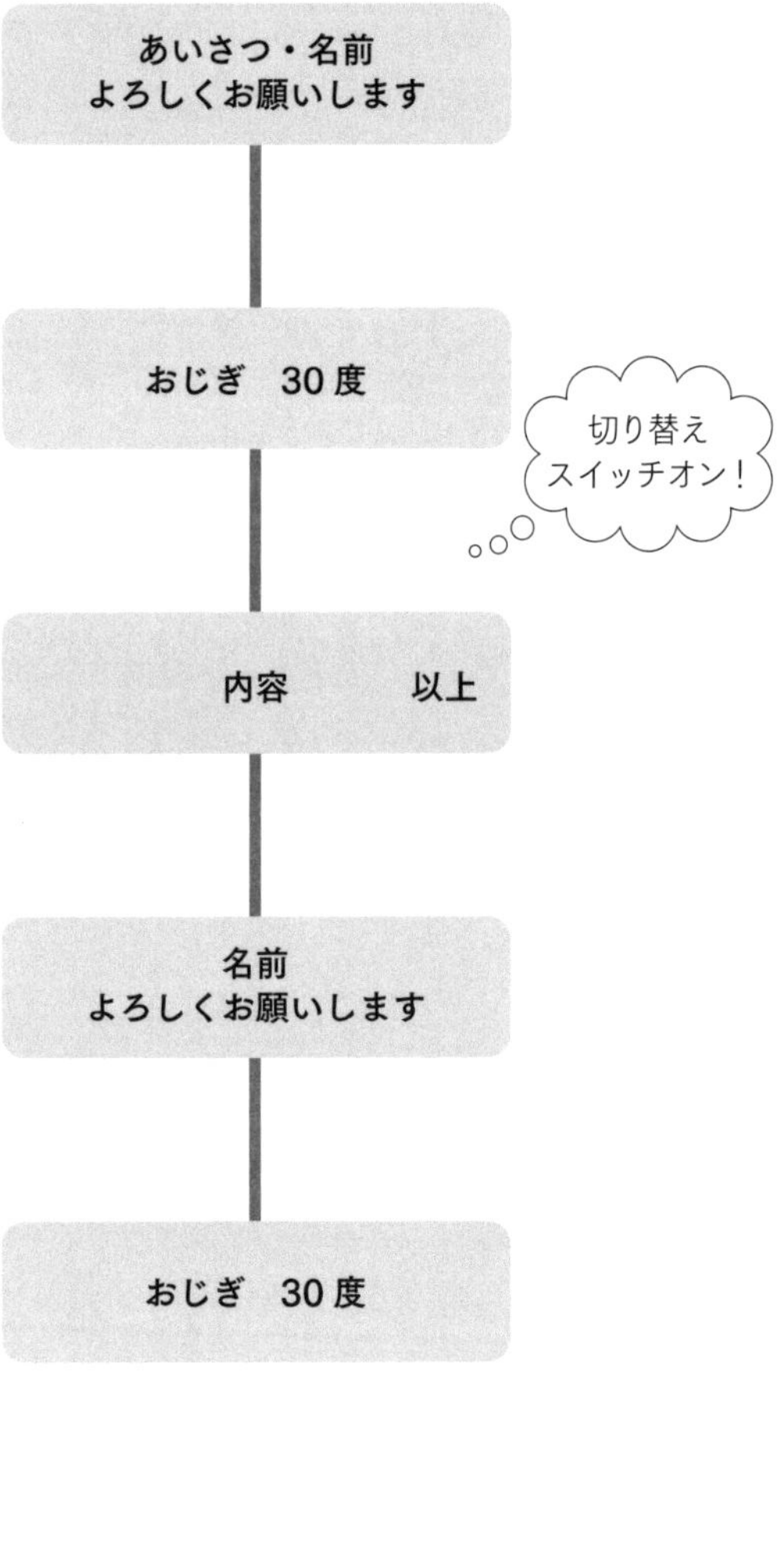

次項では、「メラビアンの法則」に基づいて生み出された、オリジナルカリキュラム「わたゆき式話し型メソッド」について、ご紹介していきましょう。

3 「わたゆき式話し型メソッド」とは何？

前章でも述べたように、「脱！　あがり症」になるためには、原因となる「対人」を解決しなければなりません。人前で堂々と話すことができるようになるには、話し相手に「視覚・聴覚・言語」の情報を伝える他に、特定のスキルを身につけないと、解決に近づけないということが言えます。

私は、「話し方教室」を5年前に開設し、1000名以上の受講生の悩みに寄り添ってきました。受講生の悩みはそれぞれですが、そのどれにも「わたゆき式話し型メソッド」を通して、問題の解決を図っています。自分自身の体験を通して得られたこのメソッド（体系的な方法）は、学校でも職場でも習う機会がなかった、という声をたくさんいただいています。また、数ヵ月前の自分とは異なる自分に会えたというメッセージも頂戴しました。

このメソッドは、「シンプルかつ簡単に」をモットーに、誰もがトライできる形式になっています。教室でも行なっている基本編を一部ご紹介しますので、ぜひともチャレンジしてください。

「わたゆき式話し型メソッド」の内容はロジカルに表現されていて、大きく分けると2つのブロックパートになります。「知識を取得して、技術を体得する」というイメージです。内容の作り方と場数を踏むトレーニングの2本立てで進めていくものです。

まず、自分が話したいことを話すのではなく、自分以外の人からどう見られるかを勉強するというのがスタートです。ここでは、「メラビアンの法則」でいう言語情報の7％の内容の作り方、組み立て方、構成、話し手が気になっていることへの対処方法をまとめています。相手から評価され、相手がなるほどと理解し、相手から好感を持ってもらうための話し方がベースとなります。

【内容の作り方について】

最初の取り組みとして、話のテーマやイメージ像として思いついたことを、フセンに書き出してもらいます。思いついたことのメッセージが重複することもあると思いますが、初めは気にせずに、頭に浮かんだ言葉を書き出してください。その次に、フセンに書いたものが、話すテーマのどこの何の項目なのかということを区分けしていきます。

▲フセンに伝えたいことを書き出してもらっている様子

【場数を踏むトレーニング】

話す時には、「誰に対して何について話すのか」というコンセプトを明確にすることが大切なのですが、あがり症の人は「話す」ことに気持ちが集中してしまうため、話のポイントにまで気が回らないことがほとんどです。

場数を踏むトレーニングは、フセン作業を行なうという認識を深めてもらうためです。これは内容の組み立てを行なう時に、頭の中にフセンを貼る習慣をつけていく練習を繰り返します。話すときにカンペを見なくても、頭の中のフセンを組み合わせて話していくことができるようにしていきます。

4 話すための内容の作り方

話し手が一番重要視するのは、前項にあった「内容の作り方」です。自分で腹落ちしないと、思ったことが明確にならないし、伝えようがありません。けれども、話を聞いている人は、パフォーマンスや声といった、その人の「人となり」を見ようとしています。この話し手と聞き手の大きなギャップが、お互いの理解の「差」を生んでいます。

※脳にフセンを貼るイメージ

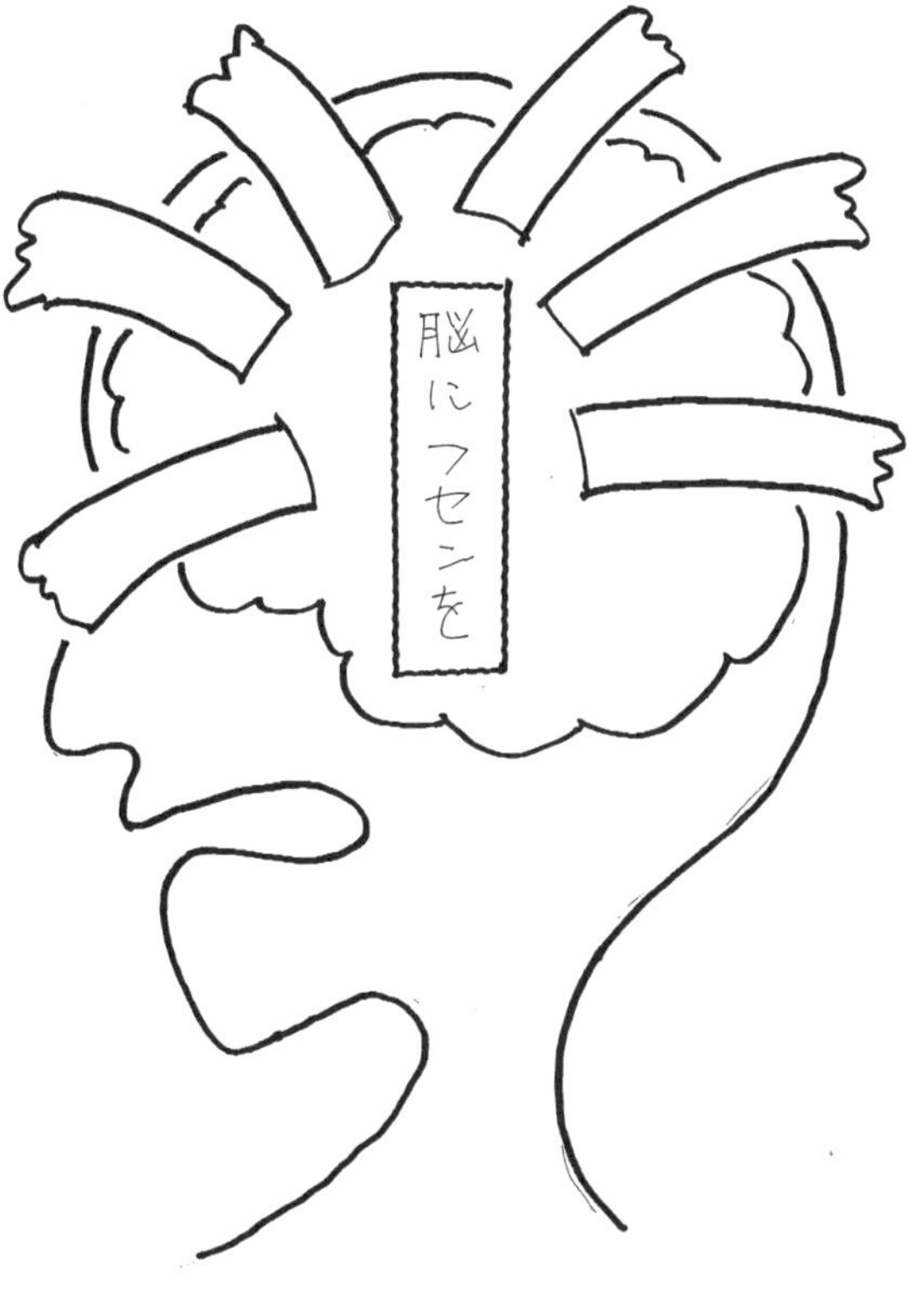

この「差」を少なくするのは、情報の整理です。頭の中にあった情報のフセンを区分けし、内容が重複しているものはひとつだけ残しておき、それを専用のフォルダの中に入れていきます。何を話そうかな、と思った時に話す内容のフォルダを取り出し、チャート式になった基本パターン（図）に割り振っていきます（56ページ図参照）。

たとえば、「夏休みの話」をテーマに挙げるとします。基本パターンの大テーマが、「夏休みの話」。夏休みの話といっても、夏休みが来たらやりたいことなのか、この前の夏休みの思い出の話なのか、夢物語なのか、一番うれしい夏休みのあり方を言うのか、どれかがわかりません。そこで、続く下の段の中テーマで、中身を一回絞るという作業を行ないます。抽象的な大テーマから即本題に入ると、抽象的なキーワードしか聞き手には残らないので、いったん具体化して言葉を落とし込みます。

そして、そのあとに続く事例です。具体的に内容の説明をこのパートでしていきます。ここが、いわゆる論理的に話す枠になります。ここで大事なのは、決して自分の感想を入れないということです。事実だけを話して、それにナンバーを入れると、記憶に止めやすくなります。話題の、ひとつ目、2つ目、3つ目の1項目ずつにミニタイトルをつけていくと、何について自分は話すのかというのが、自分自身も記憶に止めることができるし、相手も短いキーワードで記憶に止められます。

最後は所感です。自分の気持ちを話さないと、人の気持ちを動かすことはできません。ですから、必ず所感を入れて終わりにします。ただし、終わりの言葉を発する時は、必ず大テーマに戻って、「以上、この話をしました」と言って、話を締めるようにします。このチャート式になった基本パターンの特長としては、冒頭と結論でサンドイッチにされることによって、話の内容が聞き手の記憶に残るようになることです。

「絞る・分ける・結論」の内容を挟むことが、ポイントになっています。

事実、フォルダの中に情報を入れていけば、話は脱線しません。「何を話していたんだっけ」と迷うことがなくなります。ですから、チャート式になった基本パターンを作っていくことを勧めているのです。頭の中のフォルダに入れるという習慣がつくまでは、フセンにどんどん情報を書いていって、これを見ながら話をします。ポイントのテーマだけを書いて、フセ

チャート式の基本パターン

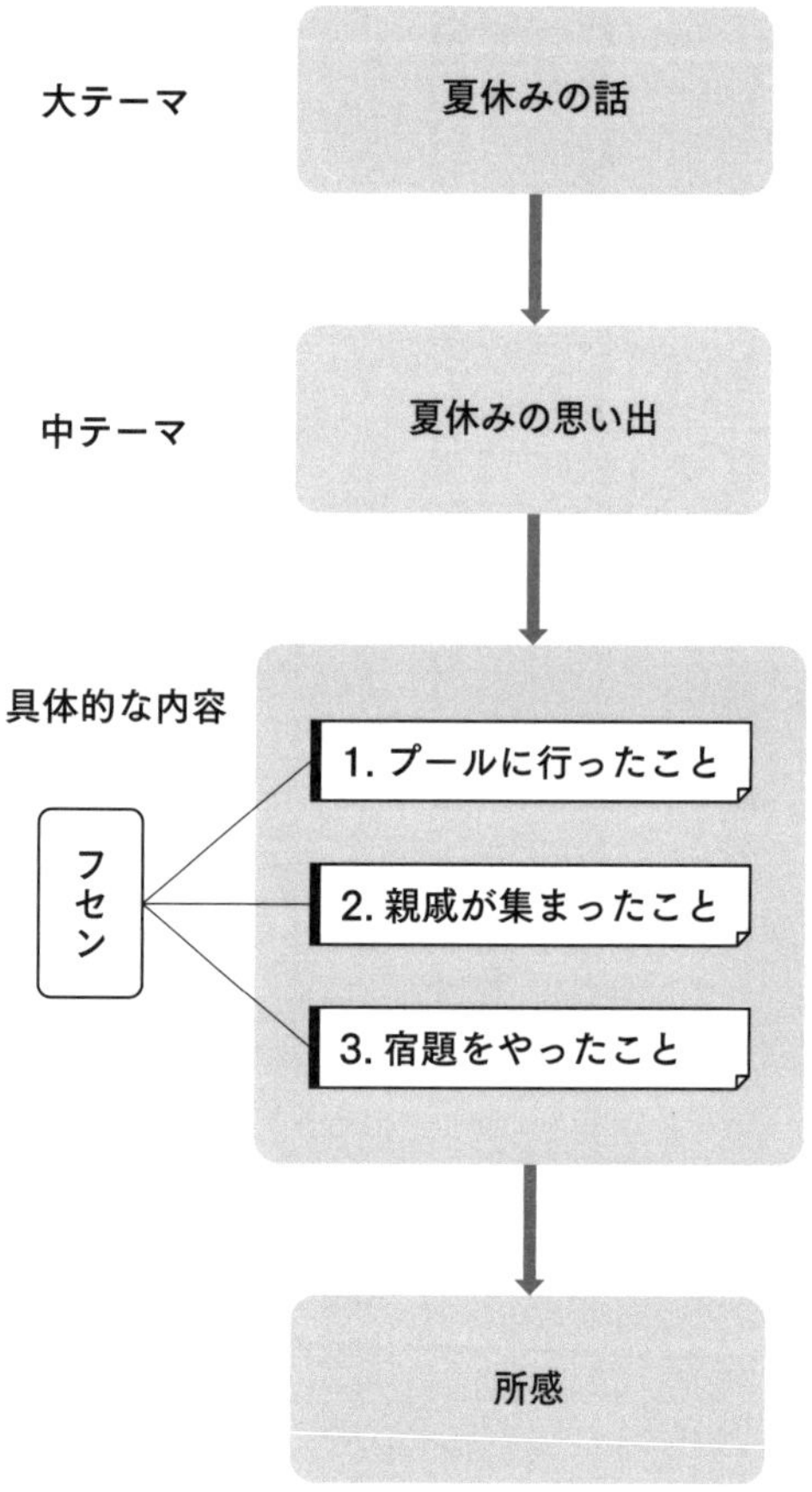

ンを貼っていきます。

先ほどの「夏休みの話」を簡略化して、チャート式になった基本パターンに落とし込んだ場合、次のような流れとなります。

私は、夏休みの思い出について話をします。ポイントは3つ。ひとつ目はプールに行ったこと、2つ目は親戚が集まったこと、3つ目は宿題をやったこと。この3つをフセンに書いて、それを貼っていきます。フセンを見ながら、プールに行ったこと、続いて親戚が集まったこと、宿題をやったことに意識を集中して、アドリブで話してみるのです。そして、所感としてどう思ったかという「気持ち」を話すことを何回も何回も練習して、あとは時間を計りながら、1分間とか3分間などの様式に置き換えていくのです。**これが、【場数を踏むトレーニング】になっていきます。**

この練習を積んでいくと、話のポイントがわかるようになり、初めての人相手でも伝わる話し方に切り替わっていきます。「脱！　あがり症」のルーチンは、こうして作られていきます。

受講生の中には、大枠が決まってからフセンを貼りつけていく人もいるのですが、まず何を言いたいかを考えることからはじめよう、という人もいます。また、「自分はこれが言いたいんだな」と思って、あとからタイトルが決まる人もいます。フォーマットに沿っていけば、コンセプトやタイトルはどちらを優先しても決まってきます。話すための内容の作り方は、常に聞き手に配慮して情報が落とし込まれていたら、あえて順番は問わないのです。

◎階層図（ロジックツリー）わたゆき式話し型
～誰に対して何について話すのか、コンセプトを明確に～

結論、またはイメージ（全体像）を先に伝えることからスタートします。

（1）話の「階層」を使いこなす

「大テーマ」「中テーマ」「小テーマ」に分類できる時は、その階層を意識して説明します。

①テーマを具体的に絞ります
②事実または理由、所感に分けて話します
③情報は、多くても3つまでに絞ります

スピーチ・プレゼンテーションなどの基本パターン

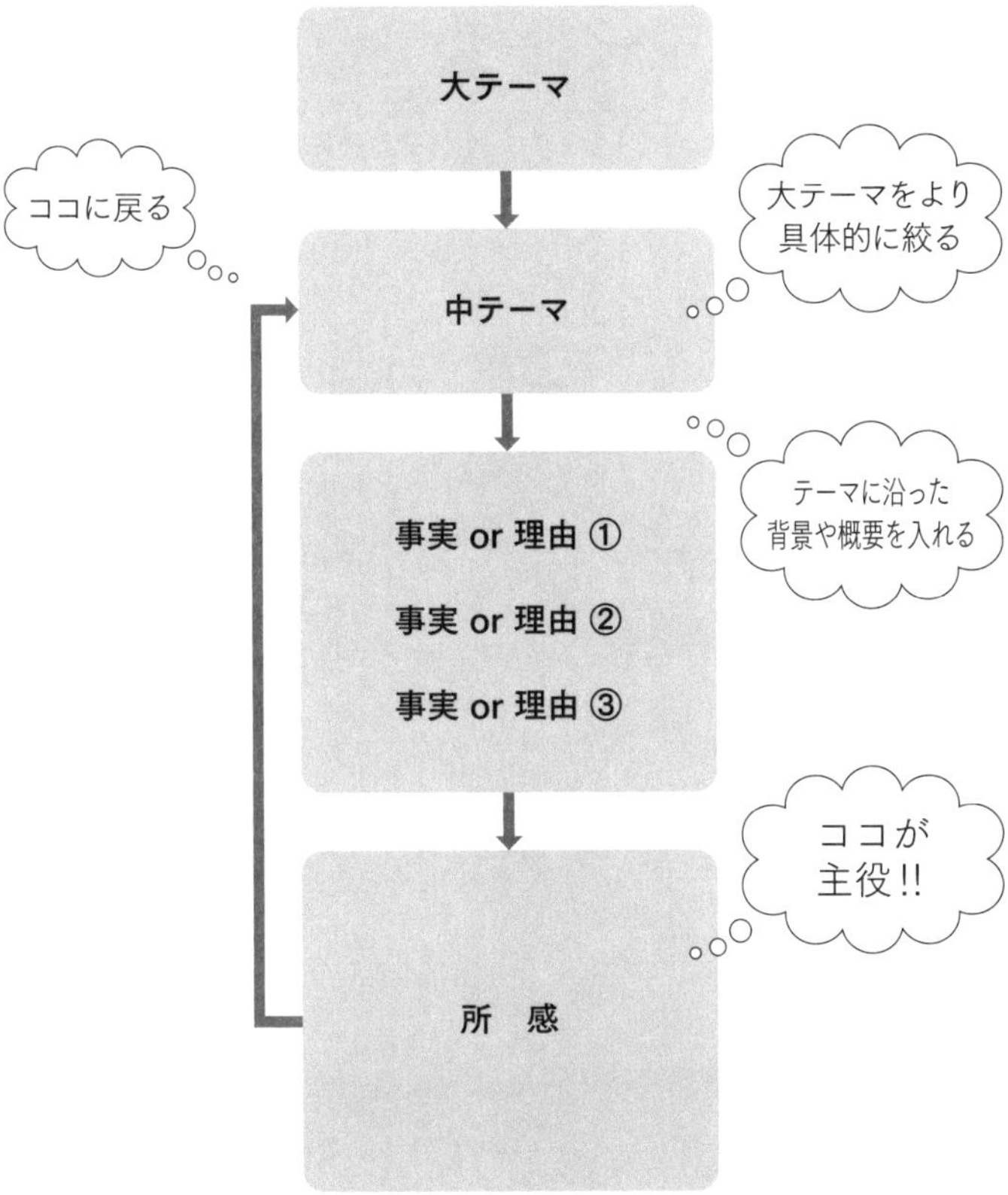

（2）結論を意識する

結論がわからないと……「あなたは何を言いたいのか？」

「自分（聞き手）はどうすればいいのか？」

「あなたの話は終わったのか？」が伝わりません。

①**「結論」**＝本当に伝えたいことを最初に話す

↓

②結論に至った**理由**、経緯はそのあとで伝える

③最後に**「結論」**を繰り返す

↓

「結論のサンドイッチ」

5 実践トレーニングの方法

では、第2章の総括として、実際に「人前で人並に話せるようになる」には、どうしたらいい？　といったことをトレーニングしていきます。練習問題もあるので、おさらいの意味

でもやってみましょう。

文章構成について

～何が言いたいの？　と言われることのないよう、まず基礎的な日本語力をアップしましょう！～

（1）「主語」と「述語」をはっきりさせる

「主語」がなければ誤解を生むことにつながり、聞き手に要らぬストレスを与えます。「主語」と「述語」さえあれば文章は成り立ちますが、逆にその両方がないと文章は成り立ちません。

- 主語……『何が（何は）』
- 述語……『なんだ』『どうする』『どんなだ』

※説明をする時は、常にこれらを意識し、それを正確に伝えましょう。ふだんから、「主語」と「述語」を意識しましょう！

練習問題1　次の文章の主語を四角で囲み、述語に横線を記入してください。
（解答は最終ページに）

①冷蔵庫の中に、いろいろなお酒があります。
②私も、社会人として自立した。
③頂上からの眺めは、素晴らしい。
④兄は、明後日海外へ出発する。
⑤彼こそ、日本の首相にふさわしい。

（2）「助詞」や「接続詞」を正しく使う〈関係を表わす言葉〉

● 助　詞……単語について、関係を表わしたり、対象を表わす品詞の総称
● 接続詞……前後の文脈の関係を表わす品詞

※これらの使い方をマスターするには、意味を理解するよりも、たくさん使ってみることが近道です!!

◇ **ここでのポイント!!**

1．正しい文章を見ること
2．そこから、正しい助詞や接続詞の使い方を読み取ること
3．そして、自分で助詞や接続詞の意味を考えて使うこと

ひとつの文章には、いくつもの助詞や接続詞が使われています。正しく助詞・接続詞を使わないと、文章の意味がわからなくなります。使う助詞や接続詞が変わると、文章の意味が変わってしまいます。

（3）「5W1H」を意識する

「いつ・どこで・誰が・何を・なぜ・どのように」したのか？　するのか？

①情報を明確にする6つの要素を入れることで、より具体的な説明になります
②特に、「なぜ」の省略には注意しましょう
③自分の中で「5W1H」をきちんと意識することで、伝えたい内容の詳細も明確になります

When　いつ　　　　What　何を
Where　どこで　　Why　なぜ
Who　誰が　　　　How　どのように

練習問題2　**次の文章を、5W1Hがすべて含まれている文章にするために、不足しているものを選択肢から選んで追加し、5W1Hがすべて含まれている文章にしてください。（解答は最終ページに）**

「私は自宅で掃除した」

選択肢
①1カ月も掃除していなかったので
②100万円で
③机の中を
④6個
⑤昨日
⑥3カ月間
⑦隅々まで丁寧に

練習問題3　「　」内に入る言葉を選択肢から選び、○で囲みましょう。（解答は最終ページに）

助詞問題
①私「は・と」元気だ
②海水浴「に・が」行く
③子ども「と・に」遊ぶ
④家「が・へ」帰る
⑤ごはん「に・を」食べた
⑥音楽鑑賞「を・が」趣味だ
⑦チラシ「を・に」配る

接続詞問題
⑧運動した「が・ので」汗をかいた
⑨早めに出発した「ので・のに」遅刻した
⑩雨が降っている。「そして・だから」風も吹いている
⑪今日は暑い。「そして・だから」クーラーをつけよう

⑫今日は暑い。「　だから　・　しかし　」クーラーはつけない

⑬グラスを落とした。「　だから　・　けれど　」水がこぼれてしまった

⑭運動が好きだ。「　しかし　・　そこで　」サッカークラブに入った

練習問題４　次の「　」内に助詞または接続詞を記入してください。（複数回答あり）
（解答は最終ページに）

①父に頼まれて荷物「　」実家まで取りに来た

②母「　」姉が一緒に買い物へ出かけた

③駅「　」到着した

④私「　」小説を読む

⑤彼は勉強もできる「　」人気もある

⑥身分を証明するものとして免許証「　」保険証の提示をお願いします

⑦この人は、母の姉です。「　」伯母です

⑧テスト勉強をしっかりした。「　」今回は１００点がとれた

⑨テスト勉強をしっかりした。「　」今回は点数が悪かった

⑩ 今日は母の手伝いで洗濯をした。「　　　　　」掃除もした

まとめ

話し方はスポーツトレーニングと同じ。体得することができる！

うまく話ができる人を評価する場合、生まれ持った才能だからとか、性格が前向きだからとか、話し方以外の要素が褒め言葉に加わることがあります。しかし、天才的な話術を持った人はもちろん別ですが、その他の人はみな一様に、陰ながらの努力や研鑽、そして必要な準備を重ねているものです。

意外に思われるかもしれませんが、話し方はスポーツと同じで、鍛えて伸ばすことが十分可能です。あがり症だからと臆してしまえばそれまでですが、あがり症でも、フォーマットに沿ったメソッドトレーニングを積むことで、目に見えて「話し方」のレベルを上げていくことができるのです。話が上手にできる人は、自身の体にベースとなる部分を覚え込ませているだけなのです。

まず、相手からの見た目を上げるためには、表情を作る練習、姿勢を正す練習、服装を整える練習といった段階を踏み、相手が好印象を感じ取る部分を知識として取得していきましょう。その後は、自分の中で話の「型」が身につくように技術を体得し、これまでの話し方を意識して変えていくようにすれば、自ずと成果が目に見えるようになります。

話し方もスポーツも、一朝一夕にはうまくはなりませんが、費やした時間と努力は裏切りません。ただし、基礎となるところをしっかりとマスターしなければ、やってきたという「歴史」だけしか残らないことになります。自分の欠点と長所を知った上で、自分の話し方を魅力ある個性に高めていきましょう。

実例:セミナーで失敗したトラウマから抜け出せない社会保険労務士

山口県宇部市在住　受講当時43才　男性

移動手段は「新幹線」。教室が遠くても、学ぶ必要性を感じたから行動できた

＊　＊

社会保険労務士の仕事をはじめて10年目。最初は何もかもが手探り状態で、いろんなところにご迷惑をかけながら前へ前へと進んできました。「新人の社労士」と呼ばれなくなったころに、「話し方」を学ぶきっかけと自分自身の転機がやってきました。

その出来事は、町の役場の担当者からの「セミナーをやってくれませんか?」というオファーだったのです。仕事の幅を広げてみたいな、と思っていたところでしたので、もちろん答えは「喜んでお受けいたします」。迷いは一切ありませんでした。

いつもは地味で目立たないようにしていたのですが、自分の仕事を評価してもらったうれしさに、スポットライトを浴びた感覚が私の中にありました。「こんなチャンスはないぞ!」と言い聞かせ、セミナーで話した経験もないままお引き受けしたのです。

当日は、必要以上に張り切って会場に入ったのですが、結果は撃沈。50名くらいの会

場でしたが、頭の中が急に真っ白になり、セミナーを台無しにしてしまったのです。時間を割いて会場にお越しになったお客様、お声をかけてくださった役場の方にただただ申し訳なく、自戒の意味を込めて「話し方教室」で学ぶことを決意し、すぐさま受講生になりました。

山口から新幹線に乗って行ける一番近い教室が北九州校。通学の手段が「新幹線」というハンディだけで、教室での授業は自分にとって実り多いものでした。回数を進めていくうちに、潜在意識の中で「自分は目立つことが好きなんだ」ということに気づくこともできました。中でもプレゼンテーションの授業は、セミナーの失敗を反省する意味で頑張りました。教室に通えない時はメールで問題点や課題を確認し、不明確な部分を消すようにしていきました。

セミナーでのトラウマから抜け出せた大きな気づきは、「クセ」を知ったということです。「クセ」の原因を突き止めずに、問題を放置していたために、未解決のループにはまって自信をなくしていたのです。原因がわかったら、あとは解決法を知って努力するのみ。先生方からは1％でもできたら「大丈夫、大丈夫」との声かけで励ましていただきました。指摘1回に対して褒め言葉は10回。救われました。

受講して1年後、「お話がお上手ですね。今度、うちにも来てください」と言われはじめ、今では東京でセミナーを開くまでになりました。トラウマとなった体験を忘れないためにも、県外でセミナーがある時には、北九州校経由で山口に帰るようにしています。習ったことの復習と、進捗報告を兼ねての教室訪問になっていますが、一生ものの話し『型』を北九州校で学ぶことができました。

あの時のピンチは、まさにチャンス。やり直したい・学びたい・そして変わりたい！という気持ちは、私の「人」と「距離」を動かしたと思っています。

実例：保護者の前に出ると緊張する新人小学校教師

福岡県在住　受講当時26才　女性

「話す」ことで感じた「話し方」の必要性。新米教師の直面した現実とは

＊　＊

幼いころから学校の先生になるのが夢でしたが、最初の就職先は先生とはほど遠い職業を選びました。教職は憧れの仕事と思って気持ちの中から外したのですが、やはり夢は諦めきれなかったですね。自分の心に正直になろうと決めて、教員試験を受験し合格。一般職を辞めて、小学校の先生になったのです。

新任でなおかつ担任を持つことができて、目標が達成できた満足感でいっぱいだったのですが、その時間はすぐさま消えてなくなりました。気持ちが失せた要因は、保護者との会話でした。小学校の先生というと、子どもたちと接するイメージが強くありすぎて、私の中には保護者との懇談会のイメージが湧いていなかったのです。

まず、家庭訪問。そして授業参観や夏休み、冬休み。保護者との会話のシーンがこん

なにも多くあるとは、自分の中では想定外でした。自分よりも年齢が上の人との接し方、相手から値踏みをされる、この子は何ができるんだろうという視線が痛いほどでした。

保護者への恐怖を抱いているので、よりいっそう、日常は子どもたちとの会話にも壁を感じました。大人とはまた別な意味で視点が異なるため、自分の気持ちを伝え、伝わるにはどうしたらいいのかわからなくなっていたのです。子どもたちの理解度をすすめるには、必要以上の単語を選んで用意しないといけないことがわかり、インターネットで「話し方教室」の存在を知って、受講を決意しました。

学校の業務が終わった後に、20時30分からの「話し方教室」。正直、しんどい時もありましたが、私が今必要としていることは、ロジカルに解決する方法と、多岐にわたる話すシーンを学ぶこと。この2つを習得したいという思いから通学しました。

最近は、教育に熱心な親御さんが増えて、質問の熱量が高いのが特徴です。あわせて、質問自体が感情的なケースも多々あります。こちらのくわしい説明も大切ですが、保護者の話していることの理解と分析力を高めることも大切でした。

「話し方教室」の授業を終えるたびに思ったことは、言葉の語彙力が増えていったこと。

今ではどんな保護者が目の前にいても、「わたゆき式話し型メソッド」を応用して話をしていけば、対応できることがわかりました。また、保護者の方々が私の話を納得して聞いてくれているのが、肌で感じられるようになりました。子どもにも大人にも話ができる術がわかったので、今では安心して授業に集中でき、保護者のみなさんのお悩みにも耳を傾けることができます。

私の場合、夢の実現、悩みの解決に「時間」が関係してきました。後回しになったとしても、必要なことには向き合わなければならないと強く感じます。

「話し方教室」を通して得たことは、時間を言い訳にしない行動が、不安を安心に変えるということです。

第3章

「わたゆき式話し型」メソッドI
（ロジックツリー活用編）

1 超簡単！「わたゆき式話し型」で、論理的に伝える内容作り

「わたゆき式話し型」は、思考の過程を可視化し、話す段取りと伝えたいことを、より明確にすることを目的にした、オリジナルのメソッド（方法）です。「わたゆき式話し型」は、「ロジックツリー」を採用し、基本のフォーマットを活用しながら会話の内容を組み立て、話す練習を繰り返します。

スピーチやプレゼンテーションといったベーシックなパターンは、第2章の4項にも掲載している「ロジックツリー」が主となります。

「ロジックツリー」の利点は、

- ◆スピーチの流れをA４サイズ１枚の中にまとめられる
- ◆話す順序や事実・所感といった部分も、体系的に理解できる
- ◆内容を入れ替えるだけで、フォーマットは何度でも活用できる

というところにあります。

スピーチ・プレゼンテーションなどの基本パターン

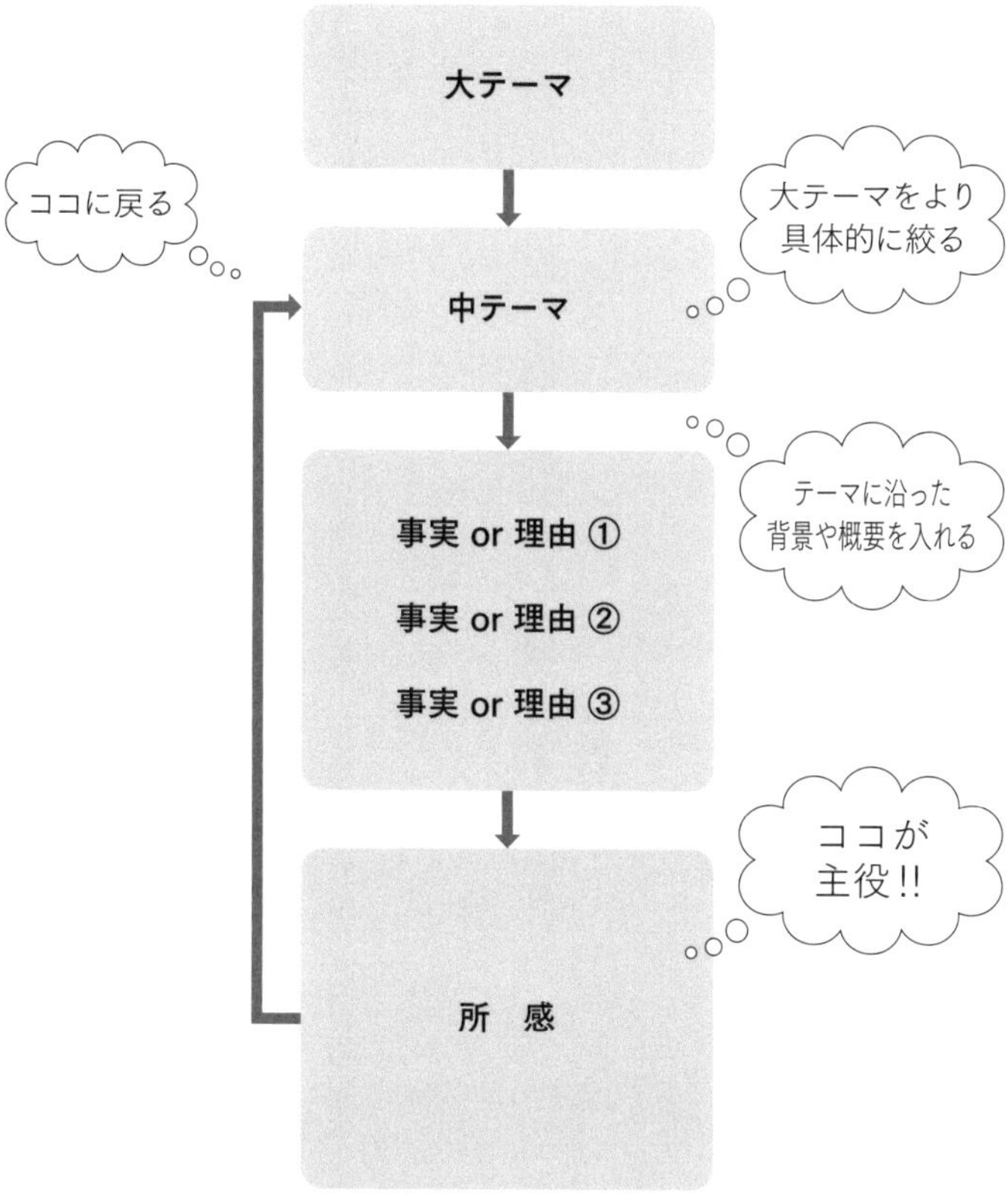

「あがり症」克服の第一歩は、話し方を学ぶのではなく、「話し型」を新しく頭の中にインプットすることです。つまり、型を身につけることがポイントです。

「あがる」という場面を、「ロジックツリー」で軽減させることができます。「わたゆき式話し型」は、多種多様なシーンで活用しやすいように、論理的なメソッドに基づいて作成されています。何を伝えたらいい？　と内容作りに困ったら、ぜひともこの「わたゆき式話し型」の「ロジックツリー」を活用してみてください。

まず、「ロジックツリー」の全体的な流れからご紹介します。「ロジックツリー」の中身は大きく分けて4ブロック、6枚のフセンで構成していきます。

大テーマ↓中テーマ↓事実ｏｒ理由（3点）↓所感と、話の内容をブロックごとに分けていきます。

これは、スピーチの内容を構成するためのもので、本来のスピーチの順番は、大テーマ↓中テーマ↓事実ｏｒ理由（3点）↓所感と進み、また中テーマに戻って、話を完結させます。

「ロジックツリー」を活用してスピーチ原稿を作るようになると、話す内容を整理する習慣が身についてきます。内容を整理する習慣が体得できると、しだいに型やフセンに頼らなくても、自身の「脳」に話したい内容のフセンを貼るイメージが自然と湧いてくるようになるのです。自らが話したい内容の舵をとり、内容を素早く作成していくことが可能になるので、話したいことの焦点が定まっていくのを実感できます。

スピーチ原稿を、そのつど用意していた「あがり症」のみなさん。制限時間と長い文章に別れを告げましょう。ポイントを絞った新しい文章の活用で、もっと自由に、もっと自分らしく、あなたの言葉で話すことが可能になります。

2 テーマを「ボワッ!」と決める

テーマを「ボワッ!」と決めるとありますが、たしかに「話し方教室」の中でも「テーマ決めが難しい」との声をたくさんいただきます。それぐらい、すべての思いや感情に属している共通項を探すのは、難しいことと言えます。

たとえば、雨が急に降ってきた時は「傘がなかったなぁ」とか「肌寒いなぁ」などの感情が起こります。自分の中で、朝から今までの時間を考えると、「晴れの1日に比べて思うことが多いかもしれない」ということに意識が向かいます。そうすると、長雨が続く時期で、シーズンが秋ということでしたら、「秋雨前線」について話してみようかな、という思いにいたることもあるのです。今日の気持ちからテーマが「ボワッ!」という感じで出てくることがあります。

気持ちに注視しはじめると、「雨が降ったりやんだりと、うっとうしい1日だなぁ」とか、「車がまた汚れちゃったよ」「いつ車を洗ったらいいタイミングになるんだろう」という感情が次から次へと出てきます。テーマを決定する前の発想は、ひたすら自由でいいのです。「前線」「秋」ということを掛け合わせて、異なったテーマを考えてみることもできます。話す相手、聞いてもらいたい対象者に、想像力を働かせてもらうためにも、まずはボワッとしたテーマを思い起こしてみることがポイントなのです。

自分自身の心の声に向き合う、会話に結びつきそうなことに目を向ける、心の声に目を向けたことを外に出してみる(書き出す)。この3点が、「ボワッ!」には大切なキーとなります。

テーマは、所感からはじまることもあります。所感を絞り込んで聞き手に伝わりやすくするには、どういう事例がいるのかなぁ、と考えてみることも大事です。テーマ決めに悩んだときは、所感にこだわってみるのもひとつの方法かもしれません。

まさに、スピーチの主役は「所感」で、事実や理由は単なる裏づけでしかないのです。

論理的な話の場合は、事実や理由が優先されますが、話す時には自分の所感を大切にしてほしいのです。よって、テーマ決めで悩んでしまったときは、話し型（ロジックツリー）を見直し、下（所感）から上（テーマ）へ流れを持っていくことが重要です。一定方向のやり方で話し型（ロジックツリー）を完成させるだけではなく、逆もまた真なりです。それこそ、大きくとらえる「ボワッ！」とした感覚を持っていただきたいと思います。

これは応用編になりますが、友人の結婚式の披露宴のスピーチを急遽、頼まれたとします。今日という時間・場所・目的を思った時に、「秋」「雨」「結婚式」「幸福を祈る気持ち」といった単語を盛り込んだ場合、「今日のふたりは雨降って地固まる。いろんなことがこの先あるでしょうが、少しずつ寒くなる季節にふたりで寄り添って心をあたためてください」というようなスピーチが組み立てられると思います。

まず、何を話すべきかという「所感」からスタートして、ターゲットに合わせたスピーチに構成していくといいのです。アレンジはエピソードとともに加えていけばＯＫです。テーマを「ボワッ！」と、という感覚は、必要以上に重く扱わなくていいですよ、という私なりのメッセージです。

3 「ロジックツリー」における、効果的なフセンの使い方とは

【フセンのサイズについて】

「話し方教室」でオススメしているフセンの大きさは、一般的に市場で出回っているタテ２・５㎝×ヨコ７・５㎝サイズで、カラーは問いません。「ロジックツリー」初心者の場合、これより小さなサイズは恐怖の対象になるようです。「自分の気持ちがいっぱいあるのに書けない」「思いがあるのに、スペースが小さいから書けないんです」と、できない理由を探

してしまうことがほとんどです。逆に推奨サイズより大きくなると、書きすぎてフセン内にまとめきれなくなるケースが多いように感じます。今までの受講生の傾向を見て、ベストはタテ2・5㎝×ヨコ7・5㎝のものです。「ロジックツリー」にチャレンジする方は、ぜひともこのサイズを意識して、フセンをご準備ください。

【フセンに書く時のルールについて（1）】

フセンに書くときのルールは、フセン内に書ける範囲なので、「基本1行にまとめてください」とお願いしています。文章にすることをやめて、箇条書きにするクセを身につけてもらうためです。どうしても文章になってしまう人は、やはりフセンの中に2つ3つの思いが入ってしまうのです。

これは、私が接した「あがり症」の人によくある傾向なのですが、スピーチ原稿をすべて文章に書き出して、パソコンで打って暗記ベースで話すスタイルを選択しています。ということは、文章を見て内容を確認しないと話せないという恐怖から「あがり症」になっていることが多いということなのです。ですから、「今までのスピーチスタイルから離れること」「不安に感じる部分を確認し、逆の発想にチャレンジすること」が、現状を打破するためには大切なことと言えます。

受講生が初めて「ロジックツリー」に挑む時、こちらは内容を指摘せずに見守るのですが、「フセンを多用していいですよ」とだけ声をかけます。次に、各領域（フォルダ）にフセンを振り分けるとき、似通った言葉が並ぶのですが、「これらをひとつにまとめて、タイトルをつけてください」と指示を出すのです。受講生のみなさんは、同じフレーズが重なっていることを、その時、視覚的に知ることになるのです。

「フセンのスペースに合わせて、思いはひとつ。1行の箇条書きでまとめてください」

これを、フセンに伝えたいことを全部書き出す時の基本ルールとしています。

【フセンに書く時のルールについて（2）】

自分の考えをフセンに書いて、話し型（ロジックツリー）の領域（フォルダ）ごとにフセンを貼っていきます。大テーマを決められた人は、上から下に貼っていきます。テーマが未決で、何から話したらいいかわからない人は下から上に貼っていきます。

話し型（ロジックツリー）のフォーマットは同じですが、フセンの置き方や順序が時に変化するのです。もちろん、真ん中の「中テーマ」から、考えがはじまってもかまいません。自分は「これが話したい！」と思っても、具体性が乏しい人（何を話したいかまで落とし込めない人）は、所感（自分の思い）を考えて埋めていくことが重要です。

最初は、思いを書いて見比べて、各領域（フォルダ）に該当する言葉を置いていきます。続いて似通った言葉があれば、グループ化して「ミニタイトル（ラベリング）」をつけていき、話したいことを絞り込んでいけば、そのラベリングが各領域（フォルダ）の言葉として成立することになるのです。前にもご紹介しましたが、「わたゆき式話し型」で、最終的に必要なフセンの数は6枚だけということになります。

フセンを整理する際に「話すポイントとして3点あります」と宣言した場合は6枚ですが、ポイントが2点の場合は5枚になることもあります。そこはアレンジにもよるのですが、ポイントの基本は3点です。4点以上になると、人間は相手が話した内容を記憶に留めることが難しくなるからです。

つまり、4つの領域（フォルダ）の中で、どれが書けて、どれが書けないか、どれが思いついて、どれが思いつかないのか、を具体的に絞っていきます。絞った言葉をフセンに書くときは、肩の力を抜いて、思いついたら書くことです。固定概念にとらわれることなく、「これを言ったら笑われるかも」「最初に言っていたことと違う結末になるかも」というようなことは考えなくていいのです。フセンを利用するときには、ワガママになって思いついたことを書くことにチャレンジしてください。

4 各領域（フォルダ）を具体的に。簡単極上なテクニックとは

フセンが必要枚数に達した時、私は話し手のみなさんに、「的を絞って考えていきましょう」「事実と所感を、できるだけ正確に分けていきましょう」「情報を挟んでいきましょう」と、**「絞る」「分ける」「挟む」**の3点のポイントを強調して伝えるようにしています。

「絞る」とは、大テーマから中テーマにいったん掘り下げ、伝えたいことを明確にしてみるということです。大テーマのままスタートすると、話す内容が最後まで抽象的になってしまう傾向があり、聞き手に伝えたいことを的確に伝えることができなくなる可能性があります。聞き手に内容を十分に理解してもらうためには、より具体的な言葉を伝えることが重要です。そのためには、テーマをより絞り、具体的にするために、2段階に分けてテーマを考えてみる習慣を身につけることがポイントです。

「分ける」というのは、事実と所感を切り離して話しましょうということです。話の長い傾向がある人は、一文が長いケースが多いのです。一文が長くなる原因は、事実と所感が混同

されていることから生じます。事実は「ありのままの出来事」で、所感は「心に感じたこと（感想）」を指すのですが、話し手の内容のまとめ方によって、容易に変換されやすいのです。事実と所感が混同されると、聞き手は誤った情報を受け取ることになり、話し手は伝えたことが伝わっていないという状況を生み出してしまいます。

よくビジネスシーンで耳にする、「話したことが伝わっていないんだよね」という場面は、話し手側の情報整理の仕方と、話す内容の誤変換が作り出していることが多々あります。聞き手の理解力を疑う前に、話し手は「事実」と「所感」の区分けである、「分ける」作業がきちんとできているのかを、いま一度確認する必要性があるのです。

「挟む」というのは、結論からはじまって、結論で終わるクセをつけましょう、ということです。絵本の「昔々あるところに……」とはじまる文は、理由づけや状況から物語に入っていき、最終ページで話の趣旨（結論）に結びつくことが多いものです。

しかし、みなさんが学んでいる『話し型』（ビジネス会話）は、この昔ばなしの構成の逆である、ということです。話しながら結論を追いかけるのではなくて、まず結論ありきの話し方に内容と流れを作り変えましょう、と呼びかけています。

結論が話の冒頭にあると、聞き手もどういう話がこれから展開されるのか、という予測がつきますし、話し手側も迷いが出た時に、話のポイントとしているところに戻れるというメリットがあります。会議の「報告・連絡・相談」においても、結論が最初にあると課題解決も早くなるのです。これは、「お喋り（言葉を口に出す・口数が多い）」と「話す（事柄を伝える）」という意味では、大きな違いとなります。

大テーマから所感にいたるまでの「わたゆき式話し型」を学んで習慣化することは、話し手と聞き手の双方によい効果をもたらすことになります。私は一石二鳥とか一石三鳥という言葉が大好きで、このメソッドを常に使うことで、いろいろな効果が2倍にも3倍にもなって自分に返ってきます。人は、24時間という時間軸の中にいます。日常生活を効率よくするための一歩として、結論から考えるクセをつけると、ただ単に話し方だけではなく、仕事の仕方や「あがり症」の克服にもつながっていきます。

いろいろと詳細を書き出してきましたが、『「絞る」→「分ける」→「挟む」という3つの思考回路を磨き、話し型をもとに伝えたい内容を整理して話すことを習慣化してみませんか？』というのが「わたゆき式話し型」の簡単極上なテクニックなのです。

5 短く・わかりやすく・具体的に内容を微調整する

ビジネスで成功している人は、やはり時間の使い方が上手な人です。チャンスをものにするために、時間と真剣に向き合っています。ビジネスでは自分の時間だけでなく、相手の時間も頂戴するわけですから、相手の時間を奪うことに対する配慮も忘れてはなりません。

人と話す時のやさしさとか思いやりは、「短く・わかりやすく・具体的にする」ことが効率を生み、この行ないこそが**相手に対する敬意**となります。相手が理解できる会話をこちらが前もって整えることで、情報の濃い中身だけが伝わるし、相手の時間も奪わなくてすむし、事例があることによって、難しく考えなくてすむのです。

具体的に内容を微調整するというのは、相手に合った言葉の選び方をするということです。相手の知識の量によっては、スタートの位置や、進め方を変えないと失礼にあたります。話すテーマによっては、初めて聞く人もいれば、何回も聞いている人もいるので、そのあたりを見極めた配慮こそが、微調整につながると思います。

「おもてなしは、言葉にある」

この一語は、常に私の根幹を占めています。

私の「話し方教室」では、コース最後の授業では「フリーテーマ」でスピーチを披露してもらうのですが、それ以外の週は、教室からテーマ（お題）を出しています。テーマは1年単位で変わり、内容も多種多様に用意しています。

一定方向の話に偏ることなく、間口を広く持つこと、そして5W1Hを意識して心がけることが、「短く・わかりやすく・具体的に内容を微調整する」最短ルートだと信じています。そのためには、何度も繰り返しますが、回数を積むことです。

▲レッスン風景

ちなみに「話し方教室」では、いろいろなお題にすぐさま対応し、数分の即興スピーチを行なうレッスンも実施しています。その名も、野球のノックになぞらえた「スピーチノック」。どんなお題が講師の口から出てくるか、直前までわからないドキドキ感が、受講生の気持ちを奮い立たせてくれるようです。

このスピーチノック、野球のノックと同じような高揚感が得られるようで、スピーチノックを終えた受講生は、達成感と心地よい疲労感に包まれるようです。

まとめ

言葉は思考の表層。頭の中から整理しよう!

受講生にありがちなことですが、スピーチレッスンの際に、「緊張する」と前置きで発する人が多いのです。しかし、その時は「緊張する」という言葉を、ドアの向こうに置いて来てください、とお願いするようにしています。そうすると、できない理由(緊張するという言葉)をスピーチに組み込んでこなくなります。ネガティブな言葉をあえて封印することで、ネガティブな気持ちが遠ざかるようになるのです。

「でも、だって、どうせ」というネガティブ・ワードが頭の中にある場合、脳にフォーカスした時に「できない理由」ばかりが頭の中を占めているから、そういう言葉を発しているこ とがわかるのです。思考の現われが言葉のクセとなって、口から出てくるのです。言葉というのは、考えたことしか口をついて出てこないのです。その言葉が人となりに見られがちですから、頭の中を整理するのは、人となりを整理することとイコールだと思います。

「あがる」という状態を口にせず、「ドアの向こうに置いて来てください」と、私がお願いすることで、ネガティブな感情がドア1枚で遮断されます。そしてネガティブ・ワードを口にすると、その言葉を耳で聞いて記憶していくので、「自然とわが身が洗脳されますよ」と話します。私の指導方針として「ネガティブ・ワードをクセにするな」という狙いがあるからです。ネガティブな言葉を口にすると、自己嫌悪が増すばかりなので、ネガティブ・ワードを言わないルールを作れば、自己嫌悪のループが断ち切れるのです。

「話す」ということは、自分と誰かがつながって生きていくための手段であり、喜びでもあります。おいしいものを食べた時とか、趣味を極めた時とか、話す以外にも喜びはいろいろあります。しかし、人間は承認欲求の生き物で、必要とされた、信頼されたという時に、一番の幸せを感じます。

性格はなかなか変えられなくても、習慣は意識して変えることで定着しやすいのです。言葉の調整をしていくと、プラスな言葉ばかりを使うようになって、脳もプラスに転じていくのです。受講生には、レッスンのスタート日から最終日までを通して、思考の変化に気づいてもらいたいと思っています。私たち講師は、言葉を活用した指導法を心がければ、相手の思考にまで踏み込むことができるのです。

言葉は思考の表層。深層心理はわからなくても、思っている感情が相手に伝わるのです。何を考えているかが言葉の表現になるので、言葉の勉強は、すなわち思考の勉強でもあるのです。

「あがり症で口ベタ」という、生まれ持って身についた性分（性質）は、なかなか直らないものですが、実は、自分が「あがり症で口ベタ」であると認めることで、意志や感情はコントロールしやすくなります。自分自身の性分を公言することはとても勇気の要ることですが、性分を変えるよりも効率的です。これはネガティブ・ワードの発言ではありません。

まさに公言することによって、「あがり症で口ベタ」という性分の執着が薄れ、「思考（考え方）を変えることができる」のです。「自分はあがり症で口ベタなんですよ」と、正直に相手に伝えることで、あなた自身の「話す」ことへのハードルが下がり、信頼関係を築くきっかけが生まれます。

併せて、話す内容の情報を整理するメソッドを身につけていけば、「あがり症で口ベタ」という部分だけに思考が集中することが少なくなります。

相手と話す機会を持つ前に、自分自身を見つめて、「あがり症で口ベタ」という悩みの根本を受け入れて、カミングアウトするのです。そのことを前置きして話すスタイルを定着させれば、「あがり症で口ベタ」という性分は、あなたの長年の問題点から脱して、克服の道をたどることになるかもしれません。

実例：就職面接で不採用32回！　人見知り克服で念願の正社員に！

福岡県在住　受講当時26才　男性

＊

話し方はテクニックの問題じゃない！　気づけた自分にもたらしてくれたものは

＊

中学時代に大切な友人を亡くしました。友人の「いのち」を助けられなかったことがきっかけとなって、「人を助ける仕事に就きたい」という夢をずっと持ち続けていました。そもそも不器用な性格なので、就活に向けた準備は早々としていました。しかし、学生からそのまま社会人になるのではなく、精神的にも強くありたいと「陸上自衛隊」に入隊し、数年のちに社会人になる道を選択しました。

私の就活時は、現在のような学生優位といった状況ではなかったので、とにかく筆記試験を突破して、面接にこぎつけるまでがひと苦労でした。

「筆記は何とかなる、ただ面接が……」

そうなんです。私は超がつくほどの「人見知り」で、面接がとても苦手でした。面接に行ったら落とされる、という場面が20回以上続くと、知らないうちに負けグセまでもついてくるのです。25回を超すと、完全に面接だけではなく、その前の筆記試験までズタズタになってしまいました。

さすがに30回を超すあたりから、「このままではいけない」という気持ちと、母の「人生、諦めるもんじゃない！」という言葉に背中を押されて、「話し方教室」の門を叩いたのです。とにかく成果を出したい一心で、授業受け放題の「FUTコース」を希望しました。教室には可能な限り早めに来て、最後まで受講して帰るという感じでした。遊びの誘惑にも負けずに「中学生の時に感じた思いを実らせるんだ！」という一念で勉強をしていたのです。

わずかな時間も惜しんでスピーチの練習をしたり、教室から出された宿題をこなしたりするうちに、先生から「スピーチコンテストの予選に出てみたら？」と勧められ、気づいたらグランドチャンピオン大会で2位の成績を収めるほどになっていました。1位の人とは僅差の審査結果だったようですが、スピーチの「ス」もできていない頃からの自分を知る先生は、涙を流して喜んでくれました。

小さな頃から武道をしていて、陸上自衛隊での経験もある。自分では礼儀作法も返事もしっかりしていると思っていたのですが、同じ型でも話しの「型」が理解できているわけではなく、「同意」の受け答えのみができる「型」に過ぎなかったのですね。狭い領域の中で生きてきて、応用がきかないタイプだったのです。面接官の方々は、短い時間の中で私の弱点を見抜いていたのだということが、教室を通じて体感できました。流暢に話せるようになれば、合格に近づくと思っていたのですが、自分の応用力・適応能力の欠如が大きかったのだ、ということに気がつきました。

自ら希望して、圧迫面接の練習を重ねていくうちに、どこに注意していけばいいのかを客観視できるようになりました。多くのみなさんに鍛えられたおかげで、32回目でようやく希望の企業に入社することができました。話し方はテクニックの問題ではないのです。

実例：これから20年間通います！　話し方で変身を遂げた男の約束！

佐賀県多久市在住　53才　男性

業界の大きな流れを決めたプレゼンテーション。話し方ひとつで人生は変わった

＊　＊

私は、佐賀牛の6割を扱っている畜産業の卸の経営者で、「話し方教室」の天神校が5年前に開校されて、それからずっと通っている受講生です。渡邉先生の許可はもらっていないのですが、先日の授業の際に20年間通学すると宣言しました。それと、通学しているうちに先生が引退することになれば、自分が教室の名前を引き継ぐつもりです。いいや、乗っ取るつもりです、と先生に言っています（笑）。

佐賀県多久市には非常に申し訳ないのですが、私は天神のギラギラしたところが好きで、放課後を楽しみに天神に通っています。「あなた、通学の理由はそれだけじゃないでしょ！」と妻が言い出したので、見学を勧めたところ、今では妻も「話し型」に魅了されて通学することになりました。「一緒のクラスにする？」と誘ったのですが、なぜ

か「同じクラスはイヤだ」と言って、別のクラスに通学中なんですけどね。

私が「話し方教室」に通学するようになったきっかけは、48才の時に「50才になる前に自分の人生を考えないといけないなぁ」と、ふと考えたことにはじまります。この世に生を受けて、私が何が苦手かというと、「トマトジュースと話し方」に行きつきました。この2つが解決したら、「この先の人生がどれだけ楽しくなるだろうなぁ」なんて思ったのがそもそものスタートでした。また、結婚式の披露宴の祝辞で失敗した経験も自分の人生の汚点として、胸の内に残っていることも感じていました。

そこで、「話し方」の教室を探してみると、佐賀には存在しませんでした。昔は生保の営業も経験していて、その時に東京の話し方教室に通学した経験もあるので、九州のどこかに「話し方教室」はあると信じていたのです。だけど、佐賀にはなかったのです。そこで距離的に近い「天神校」を選択して、渡邉先生のところへ通学する意志を固めました。

受講を決めた時から、自分自身のルーチンとして、教室があるビルのコンビニでトマトジュースを買い、その足で教室に入ることを課題にしました。嫌いなものを同時に克服するためといっても、ダブルっていうのはかなりツライ。最初から心が折れそうになりました（笑）。ただ不思議なもので、8回目の受講後にはトマトジュースにも慣れ、「結婚式のスピーチに呼んでくれないかなぁ」と思うまでに成長しました。人生で一番嫌だったことが好きなことに変わったのですよ。すごくないですか！　何事も、変化や成長に年齢は関係ない。決意と決断、そして自らが強いる環境なのですね。

今では、佐賀牛を売り込むプレゼンも上手になりました。ポルシェを買えるまでの経営者になれたのも、みんな「話し方教室」のおかげです。嫌いなトマトジュースが憧れのポルシェにグレードアップしたのです。どこで人生が変わるかわかりません。おかげさまで、妻も楽しく通っています。人前で話せて事業も拡大中です。「話し方教室」で、夫婦揃って生きがいと転換点を見つけることができました。

第4章

「わたゆき式話し型」メソッドⅡ
（実践トレーニング編）

1 話し方のクセ……
自分では気がつかない話し方のクセ。あなたにもクセはある?

(1)「え~」「お~」「あの~」……言葉にノイズがある人には

まず、自分の言葉にノイズがあることを自覚することです。ノイズが出ていて、気づいていない人(無自覚の人)はたくさんいます。知らないうちに「え~」や「お~」を、話の冒頭に言っているということがわかると、ショックを受ける人もいます。しかし、自覚がないと解決への糸口がつかめないので、少なからず自分にはノイズがあるものだと「自覚」することです。

あとは、その原因を探っていくのですが、職場とか仲間内で「え~」や「お~」を思わず口にする人がいると、その話し方は必ず伝染していきます。この言葉がよく使われているからこうなるんだなとか、話の「間」が怖いため、「え~」や「お~」を使って時間稼ぎをしているようだ、といった原因を探るのです。

「話し方教室」では、残念ながらノイズを見つける指導は行なっていません。それよりも直球で、「あなたはノイズ持ちです!」と指摘しています。症状を的確に見つけ出して、それを相手に伝えています。

自分はどうなんだろう？　と気になる方には、自分が話している様子をビデオに撮ってもらったり、スマホのビデオ機能でセルフチェックすることをオススメしています。

(2) やたら話が長くて、話の核が伝わらない人には

話が長いのはどうしてなのか、という問題に向き合うことが重要です。

1：話しながら、何を伝えたいのかを探ってしまう
2：新たな項目を思いつき、話す順番を間違えて位置関係が不明確になる
3：話している最中に、聞き手の様子（腕を組んでいる・眉間にしわを寄せている）が気になって、萎縮してしまう　など。

みなさん、原因がそれぞれ異なっていて、それらが2つか3つ重なる人もいます。自分はどのタイプに近いのか、という原因を探ることが解決の近道です。

(3) 話が短すぎて、あるいは長すぎて相手に話の内容が伝わらない人には

受講生には、自分自身の話し方を通して、話が長いタイプなのか、それとも短いタイプな

のかを、セルフチェックしてもらっています。タイプによって解決策が違うのですが、短いタイプの人は、5W1Hの要素がほとんど入っていません。話す時に要点の抜け、漏れが多くて話が短くなるのです。

逆に長いタイプの人は、事実と所感が一緒になって、一文が長くなっています。

たとえば、「昨晩遅くまで起きていたので、母から早く寝なさいと言われても土曜日の夜だからワクワクしながら本を読んでいて、気がつけば午前3時になっていて朝起きられなかった」といったように、句読点の読点が少なく、一気にこの長さの5倍もの量を話すことも多いのです。

感想や理由、そして事実がミックスされて一文が長くなるのです。

簡単な題材をもとに、いつもどういう話し方になっているか、どのように伝えているかを、少し思い浮かべてみてください。

（4）どうしても早口になってしまう人には

原因別に分けて、タイプが3つあります。

1：自分の周りに早口の人が多い。話すリズムが自分の耳に記憶されていて、それが普通になってしまっているケース

2：話を早く終わらせたいという心理が働いている。あがってくると、マラソン後のようにハーハーといった「喉呼吸」に変わってきます。呼吸が整わないため、声が長く出せなくなるのです。声が出にくいため、早口になって話を終わらせようとすることが原因として挙げられます

3：頭の回転が速い人。話しながら言葉が次々と口に下りてくることが原因

こちらも、ノイズのある人のように、ビデオ録画やボイスレコーダーで声を録音して、自分のタイプを確認してみましょう。

（5）声が小さくて、何度も聞き返される人には

声というのは、「呼気」です。自分の吐き出す息が横隔膜とか声帯を通り、外に「音」として出るのです。つまり、声の原材料は呼吸ということになります。呼吸の容量をお腹に据えると、口からお腹までの容量が使えます。これが、よく言われる「腹式呼吸」です。緊張すると、この腹式呼吸ではなく「喉呼吸」になることが多いので、細々と空気を回してしまうために声が小さくなるのです。

声のハリだったり、太さだったり、くっきりした音というのは、体のどこのパーツを使っているかによります。昔の人が、「腹から声を出せ」というのは理にかなっていて、お腹から声を出すと大きな容量が確保できます。緊張して声が小さくなっている人は、腹式呼吸をオススメします。

ただし、もともと声の小さい人に大きな声を出すように言っても、継続することは無理なので、その場合は口の大きさを意識してもらっています。口の開きが小さいと、声にブロックがかかって、体の中に音が戻ってしまうのです。それが「こもる」という症状です。聞き手には、声がこもっている症状が、声が小さいと受け止められるのです。

声を作るベースは、お腹と口。ちょっとした習慣を続けることで、このクセは解消することができます。

▲目線を向ける方向を指導

（6）目線が泳ぐ、目を合わせて話せない人には

他人と目が合わせられない人に、「目を合わせましょう」とは申しません。相手の目を見られないというのはとても残念なことですが、強制はよくないのです。聞き手があってこその話し手です。話すことは思いを伝える手段ですが、人と人とをつなぐのは「目」。これは間違いありません。

よく、「目も合わせられない人の話は聞きたくない」ということを耳にしますが、もし自分が相手と目を合わせられないと自覚していたら、聞き手の方向だけでも見るようにしましょう。

（7）体が動いて、落ち着きがなく見える人には

授業では木の絵を描いて、落ち着きの大切さを説明しています。大きな木と小さな木を描いて、小さな木は少しの風でも揺らぎ、大きな木はよほどの強風でな

▲体の動きを確認する指導

いと、びくともしないことを比較します。堂々としたイメージを持たれるためには、大きな木を自分に当てはめてみること、という話をしています。

また、「大きな木が揺れるとしたら、どこの部分になりますか?」という質問をするのですが、幹の部分（中心）は揺れないですよね。揺れる部分というと、枝葉となる手とか目。木全体が揺れるということは、自分の体（中心線）が揺れているということです。体が動いて、落ち着きがない印象は、安定感と信頼感がなくなるので、常に立ち姿を意識しましょう、と呼びかけています。

（8）顔がこわばって、表情が硬く見られる人には

メラビアンの法則でも、表情は人に与える印象に大きな役割を占めます。楽しい話をしても、ブルドッグのような表情がセットになると、内容が正しく伝わらないこともあります。特にテーマによっては表情づくりが大切で、時には役者になることも必要です。

議題が暗いものであれば、険しい表情でも戦略になりますが、一般的なケースで言えば、少なからず表情を豊かにしておかないと、聞いている人の視覚効果で緊張度が増していきます。相手にリラックスして話を聞いてもらいたければ、まずは自分自身の表情を和らげるこ

とが大切です。つまり、目の前の人がリラックスしていることを確認して、初めて自分自身もリラックスできるのです。

リラックスしたければ、まず相手にリラックスを与えることが大切です。具体的には2つの方法があります。ひとつは、意図的に口角を上げること。これは、あいうえおの「い」の口。横にグッと開くだけで、頬骨が上に上がるので、表情が柔らかく見えます。お箸を咥えるという訓練法もあるのですが、もっと簡単に口を「い」にするだけでも十分です。ふだんから「い」の口を習慣化しましょう。そしてもうひとつは、自分の話を聞いてくれる人や表情の豊かな人をマークすることです。自分の味方を、その場で作ってしまうこともオススメです。

まとめ

「クセ」があると損をするかもしれない！

1～8までの項目で、何かひとつでも心当たりがあれば、あがり症を増長してしまう「クセ」であることを自覚しましょう。自分の中では小さなクセであっても、他人から見たら、性格診断の糸口になってしまいます。みなさんには、この8項目を日々のトレーニングで直して、「脱！　あがり症」を目指していただきたいと思います。

2　声の作り方、話し方……実は「声」で、その人の「人となり」が丸見え！

（1）「人となり」が丸見え！　って、どういうこと？

人は、「声・話し方」で人となり（内面）を判断しようとする傾向があります。聞き手から好まれる声の作り方や話し方を意識するだけで、相手の心証がグッと変化します。あなたを耳で判断する「聴覚効果」を味方につけて、「脱！　あがり症」を目指しましょう！

（2）声を大きく出す方法

声を出すたびに、あなたのお腹は引っ込んでいますか？　喉から声を出していませんか？　口やあごが上に上がっていませんか？　これらに該当する方は要注意です。

声を大きく出す方法の基本は腹式呼吸です。腹式呼吸は、お腹を引っ込ませながら、口から息を吐きます。吸う時は鼻からで、お腹を膨らませます。お腹と口を意識しながら、まずは3回やってみましょう。

（3）話すスピードのコントロール方法

「ワン方向ワンセンテンス」。ゆっくりと話すことを意識し、動作も合わせていきます。最も聞き取りやすいスピーチは、1分間の中に300字前後の言葉がまとまっていることと言われています。

話すスピードが速すぎると、話の内容が理解しづらく、スピーカーが落ち着いていないのでは？　という疑問を持たれます。スピーチの目安は、いつもの会話のスピードよりも1・5倍ほどスピードを落として、ゆっくりと語りかけるように心がけることが大切です。

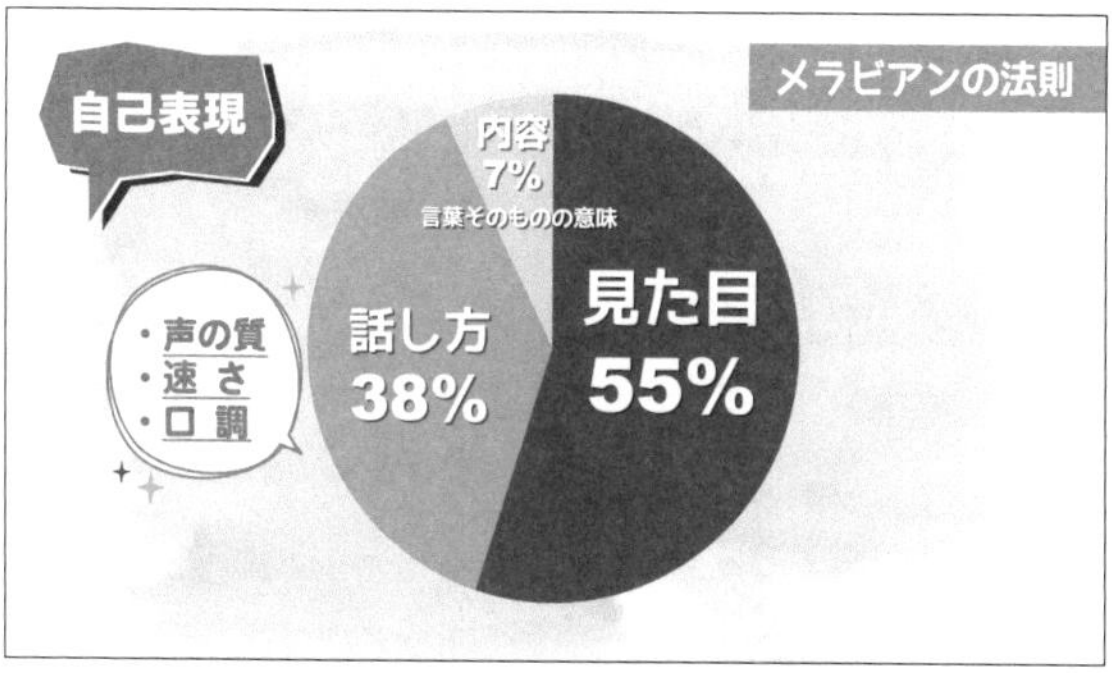

自己表現
腹式呼吸
口から吐きます

自己表現
腹式呼吸
鼻から吸います

自己表現
腹式呼吸
口から吐きます

（4）「間」の取り方で品格が漂う

間は、聞き手にわかりやすく話をしようという、話し手の気遣いです。一番強調したい部分では、ゆっくりと話すことで印象に残るようにできるのが「間」の効用です。

一般的には、ひとつの文章を30字くらいにまとめ、読点「、」の時にひと呼吸、句点「。」の時にふた呼吸くらい置くことが重要です。重要単語の場合は、前後2秒間の「間」を忘れずに取るといいでしょう。

（5）「抑揚」の取り方で感情が伝わる

言葉にアクセントがあるように、文章にもアクセントがあります。これが、抑揚（イントネーション）と呼ばれるものです。話が単調にならないようにする表現方法のひとつで、同じ内容でも、まったく違った情感を伝えることができます。

この抑揚は、使い方しだいで、スピーチの出来や不出来を決めてしまうほど大切です。内容が面白いのに、「何だか聞いていてつまらない」と感じる話のほとんどは、一本調子で抑揚がなく、声の高低とメリハリがないのが原因です。

聞き手の気持ちをこちらに向かせたい時は、話の内容によって声のトーンを抑えたり、上げたりしてみましょう。Aメロ、Bメロ、サビという具合に、歌を歌う時と同じで、人に何かを話す時も、肝心なところでは抑揚に感情を込めたり、「ここ重要ですよ！」とサインを送るようなメリハリをつけることで、相手を満足させる話し方になります。

（6）「滑舌」よくハキハキと話す方法

口の周りの筋肉を鍛えることで、滑舌はよくなっていきます。日本語の母音は5つ。「あ」「い」「う」「え」「お」です。「あ」は口を縦に開きましょう。「い」「え」は口角を横に広げます。「う」は口を前に突き出します。「お」は空気をいっぱい含んで、口の周りのしわを伸ばすイメージです。

はっきり聞こえるか、聞き取りにくい単語はないか、自分の声を録音して苦手な母音がないか、前もって確認してみましょう。苦手箇所を絞り込めると、練習方法も絞り込むことができます。

（7）声の出し方ひとつで、印象が変わる

明るく、明瞭な声で堂々と話すことが大切です。特に語尾は明瞭に、最後まで気を抜かずにはっきりと話すことです。さらに発音がフラットになりすぎないように、最適な声の調子を考えて準備しましょう。

自己表現
あ
口の周りの筋肉を鍛える

自己表現
い
口の周りの筋肉を鍛える

自己表現
う
口の周りの筋肉を鍛える

自己表現
え
口の周りの筋肉を鍛える

自己表現
お
口の周りの筋肉を鍛える

声作りのポイントは、まず2箇所の強化です。腹式呼吸と口の周りの筋肉を鍛えること。この基礎体力をつけた上で、声の大きさ・速さ・抑揚・間のコントロールを、練習でできるようにするのです。

まとめ

声であなたの人となりがすべて伝わる

人の内面が深掘りされる「声」。恐ろしいほど、相手からは声を通してあなたの人となりが見られています。声は体の中の音と言われるほど、あなたの内面が口から飛び出していきます。「声を磨く」――それは、内面磨きにも通じるかもしれません。

高い声や低い声といったそもそもの声質以外は、意識ひとつで調整できます。相手から好まれる声量や語り口といった話し方は、相手にどれだけ配慮しているかという「思いやり」の要素が含まれています。

常に「相手にどう聞こえているか」という相手を思う気持ちがあれば、自然と声の作り方と話し方は変化していきます。

3 表現の仕方……あなたの表情、表現は相手からどう見られている？

(1) あなたのココは、必ず見られている

人のダメなところは目につくのに、自分のダメなところは後回し。自分のダメなところは、いつか直そう、今でなくてもいいし……と、心のどこかで理由をつけていませんか？「あがり症」を自覚していても、あがる場面になった時に対処したらいいなどと考えていたら、いつまでたっても「脱！ あがり症」には近づけません。

あがり症対策の本を読んだ、あがり症対策のセミナーに行った、などというのは一時的に不安から離れただけで、根底から安心できる状況は生まれてはいないのです。読んで・聞いて理解したはず、と思うのは、読んだ・聞いたという事実で少しの満足感が先行しているにすぎません。

各章の実例でもご紹介しているように、「あがり症」「話し下手」からの脱却は、現状を自覚して行動することで得られます。実例に登場している人は特別なケースと思われるかもし

れませんが、「話し方教室」の受講生のほとんどが、話すことへのコンプレックスを抱えて、教室の門を叩いてきます。

レッスンの内容はケースによって異なりますが、

◆これまで経てきた時間や現状を客観視すること【過去】
◆今までのクセ（習慣）から離れること【現在】
◆自分をどう見せたいかというイメージを強く持つこと【未来】

という【過去】【現在】【未来】の3ステップを受講生全員が通ります。「脱！　あがり症」を目指すうえで大切なベースで、各ステップのトレーニングを積み上げることで、「脱！　あがり症」を実感し、ようやく本物の安心感と満足感が自分のもとにやってくることになるのです。

「あがり症のままじゃいけない！」という内なる声は、今後の自分におとずれる大きな変化の兆しかもしれません。具体的な実践トレーニングに入る前に、自分のウイークポイントがどこなのか、改善するところは何なのかを客観視してみましょう。最初は照れくさく、恥ずかしく感じるかもしれませんが、「これが今の自分で、いつも人が目にしている自分なのだ」ということをしっかりと見つめてください。

効果的なセルフトレーニングは、「ビデオに撮る→録画した自分の姿を確認する→ぎこちないなと感じる部分をメモする→目の前に相手がいることを想像しながら、鏡を相手と思って話す→そして、またビデオに撮る」ことです。

あなたが感じる自分自身のダメな部分は、相手もきっと気づいているはずです。見た目で損をしないためにも、以下の（2）～（7）のトレーニングを積んでいきましょう。

（2）立ち姿で貫禄のオーラを作る

人の印象は7秒で決まります。「全体の雰囲気・

動作・姿勢・服装・表情」といった見た目は、第一印象の55％を占めています。この人は素敵だな、自信があるな、元気があるなという見た目は、その後のイメージを左右しかねません。姿勢は、話す前のあなたのイメージを確実に決めてしまいます。

重心が左右のどちらかに偏っている、肩をすぼめるといったクセは、間違ったイメージを相手に与えてしまいます。

見た目で損をしてはもったいない限りです。異なる先入観を持たれないためにも、背筋を伸ばして正しい姿勢をキープするようにしましょう。

（3）おじぎひとつで、余裕のある自分を見せる

手を両脇に置いて、上体を正して相手を2秒間見た後、背筋を伸ばして上体を前に傾けるのが基

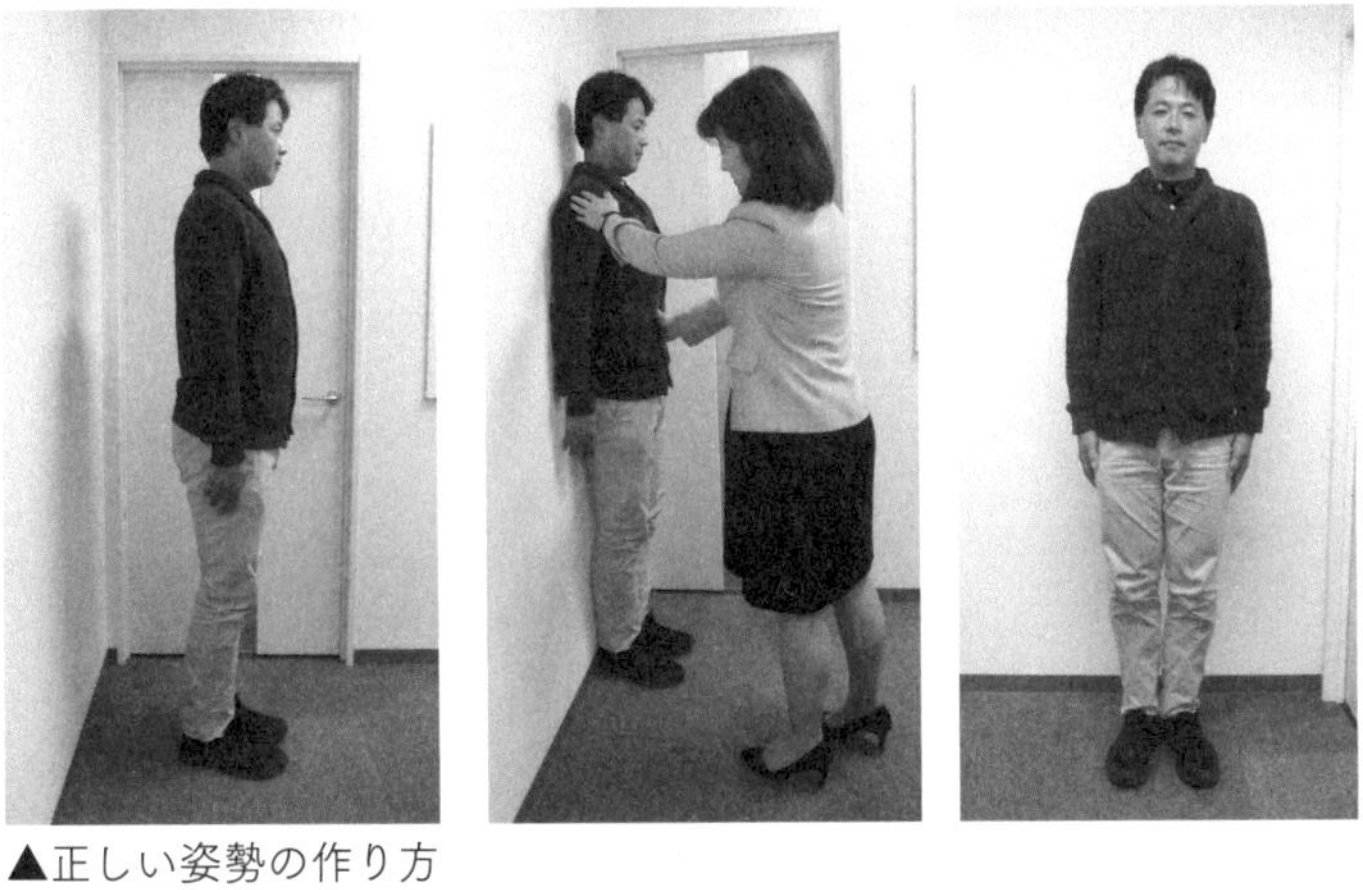

▲正しい姿勢の作り方

自己表現
おじぎ

自己表現
おじぎ

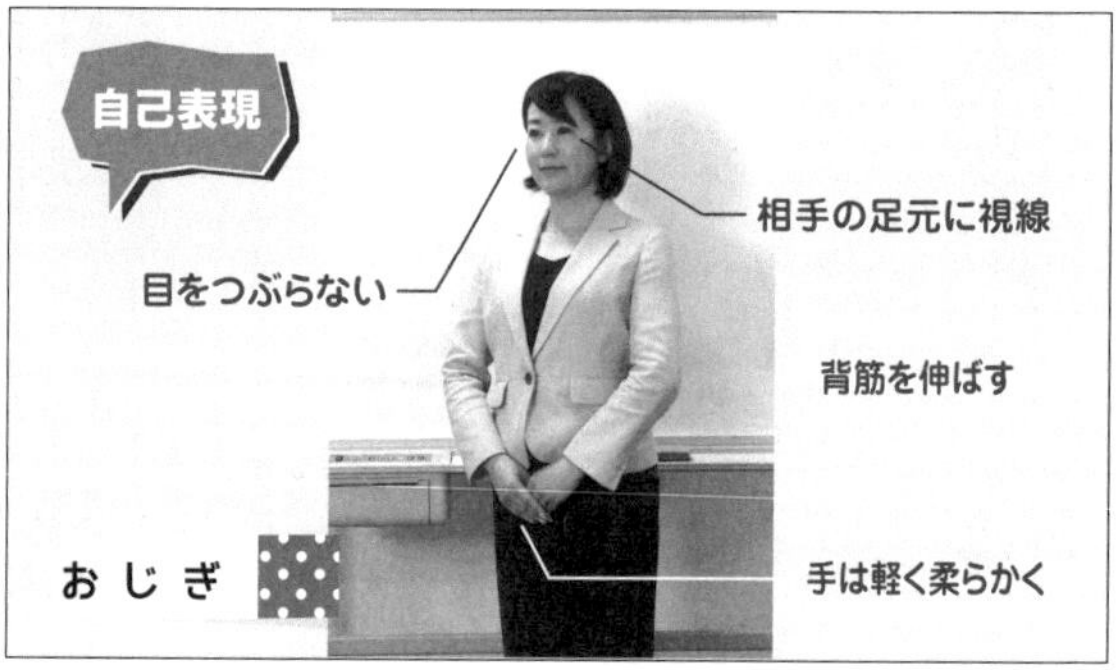
自己表現
相手の足元に視線
目をつぶらない
背筋を伸ばす
手は軽く柔らかく
おじぎ

本です。背中だけを丸めて、首を曲げるようなおじぎはおじぎではありません。

おじぎの基本は15度、30度、45度とあります。ビジネスシーンで最もよく使われるのが、30度のおじぎです。ポイントとしては、目をつぶらない↓相手の足元に視線を送る↓手は柔らかく指先を意識することです。

（4）表情は、自分のイメージそのもの

表情は、「話」に色をつけていきます。その中でも、笑顔は「マスト」です。「い」「え」の口を多用して、口角を上げることを忘れずにいましょう。

（5）目線の合わせ方で、相手との距離を近くする

一対一の時は、聞き手の後ろにある画や壁を見てもいいので、聞き手の方向を向いているよ、という目線で十分です。もし余裕があるのなら、頭のてっぺんやおでこ、眉間、

そして目と徐々に目線を動かしてみましょう。

セミナーや聴衆が多くいる場合は、目線を上下に動かすことはNGです。できるだけ目線は左右に動かしましょう。上を見ると何か考えている印象になるし、下を見ると自信がないのかな、という印象になります。

目線を左右に振ることで、会場全体や周りを見渡しているというイメージが強くなります。目線はワン方向ワンセンテンスを意識しましょう。

(6) ジェスチャーで印象づける裏ワザ

ふだん何気なく話している時に、身振り手振りをつけることがあると思います。メラビアンの法則にもあるように、相手に伝わる印象の半分以上が見た目であり、ボディランゲージと言われるのがジェスチャーです。

ジェスチャーは、プレゼンテーションの場面でとても有効です。「これぐらいの大きさです」と両手を広げて大き

さを示したり、「ポイントが3点あります」と示す時には、指を3本立てて、聞き手の目線を指先に引きつけることができます。話のポイントが3点ある、ということが、見た目と声（音）で印象づけられ、3つの項目により集中してもらえます。

もし、話の途中であがってしまった時は、ジェスチャーを加えることで、その場の雰囲気を変えることもできます。

▲ジェスチャーで話を印象づける方法

話しながら動作を加えるには、とにかく場数を踏むこと。「この場面が重要だ！」と思える箇所では、積極的にジェスチャーを取り入れていきましょう。

（7）鏡を見ながら全身チェック！

「話し方教室」の特徴として、ミラーチェックがあります。スタンドミラーを4～5メートル先に置き、鏡の中央に全身を映します。スタンドミラーの横幅にもよりますが、スピーチの練習の際には、この鏡の中から自分自身がはみ出さないようにするチェックレッスンです。

話す時に横揺れしてしまう人、話し続けるうちに表情が険しくなる人にはオススメです。（1）で紹介した、目の前に相手がいることを想像しながら、鏡を相手と思って話す、というセルフトレーニングの時に活用してみてください。

▲何度も鏡で自分を確認

まとめ 第一印象は、あなたの表現（パフォーマンス）しだい

初対面の人と会った時の第一印象は、その後のお付き合いにも影響してしまいます。よい印象・悪い印象という判断は、あなたもしているでしょうが、相手も確実にジャッジしています。

よい印象からはじまったお付き合いは、「最初から好印象でした」というコメントが交わされ、悪い印象からはじまったお付き合いは、「最初と今では印象がまったく違う」と、相手の本音を、後から聞くケースが圧倒的に多くなります。それぐらい、見た目のギャップを埋めていくには時間を要し、不必要な情報を相手の脳にインプットしてしまいます。

ですから、これからの新しい出会いでは、「自分をどう見せたいか」というイメージを強く持つことが大事です。ビジネスシーンでもプライベートでも、よい方向へ物事を動かすのは、あなたのちょっとした表現（パフォーマンス）しだいなのです。

【ドリル：自己紹介】

自己紹介で重要なことは、顔と名前を覚えてもらうこと。趣味や経歴といった情報は、自己紹介には極力含めません。聞き手に届けたい重要キーワードは名前です。「名前↓伝えたいこと↓名前」という順番に沿って、自己紹介を完成させましょう。

次の自己紹介（1分間バージョン）は、渡邉由規が「話し方教室」で使用している例文です。ちなみに約400字、原稿用紙1枚分です。

みなさん、はじめまして。
私、渡邉由規と申します。
どうぞよろしくお願いいたします。

さて、私「ナベちゃん」と言われて、早26年がたちます。
夫が1人に息子が2人。大学生の息子、そして社会人になって2、3カ月になる息子がいます。

そして、気に入っているのが「由規」という名前です。

この「由規」という漢字。
自由の「由」に、規則の「規」と書くんですね。
この漢字を思い起こしていただきたいんですが、規則、つまりルール。
型があって、その上に自由の「由」がある。

そして、私の好きな言葉には、「型破り」というのがあります。
この言葉が大好きです。型を知って、自分の個性を際立たせていく。

この「話し方教室」も、みなさんの発信力の中でも説明の「型」を身につけていただき、その「型」を身につけたうえで、みなさんの個性を際立たせていく「話し方教室」を運営しております。

以上、渡邉由規。
どうぞよろしくお願いいたします。

実例：「何が言いたいのかわからない！」――得意先の社長から一喝された41才税理士

福岡県在住　受講当時41才　女性

＊

「失敗は財産」。過去の苦いエピソードが、今では自分のもうひとつの糧に！

＊

今から5年前のことになります。その当時の私は、尊敬する大ベテランの先生とともに、税理士事務所の税理士として勤務していました。また、先生の代役で大手企業の顧問税理士という重責を背負い、自分ひとりでは担いきれないクライアント先で、プレッシャーは相当なものでした。税理士の資格を得て、すぐさま独立してもよかったのですが、現場の経験を積みたかったのと、税理士の法人経営を学びたくて、先生のお誘いを受けて業務に励む毎日でした。

所内でも仕事先でも、緊張の絶えない毎日。日々の仕事を回しているだけで精一杯になっていたある日、先生が急逝してしまいました。その喪失感と悲しみが癒えないまま、仕事はいつも通りに進んでいきます。もちろん、先生が担当していた業務も、すべて私に回ってきました。ある会社では、税務業務以外に社員向けの税務セミナーなども定期的に開催する契約になっていました。先生のフットワークのすばらしさと、税務の啓蒙と啓発に力を入れていた状況を知り、「私にはこれだけの質と量がこなせるだろうか」と、不安で眠れない日々が続きました。

先生が亡くなって数カ月がたった頃、先生が担当していたクライアント先から「あなたが伝えたいことは何ですか？　申し訳ないが、話の意図が全然わからない！」と、お叱りをいただきました。裏を返せば、「先生がよかったので、そのまま顧問契約をお願いしていたんだが……」というニュアンスでした。容赦ないダメ出しに、私のプライドはズタズタになりました。また、この時期はクライアント先だけでなく社内のコミュニケーションもぎくしゃくしていて、まさに四面楚歌といった感じでした。

「困った！　といって、泣いて止まるわけにはいけない。対策を打たなければ！」と自分自身を奮い立たせ、縁あって話し方教室の門を叩きました。まずはロジックを理解し、表情やパフォーマンスの場数トレーニングにかなりの時間を費やしました。「あなたの話がわからない」というクライアント先の恐怖のメッセージには、練習で打ち勝っていくしかないのです。

税理士の資格を取るために必死で勉強をしてきたのですが、得た情報を一般の人に渡す時は、かなりわかりやすくかみ砕かないといけない。自分の中にそのひと手間がなく、覚えたことのみを発するので、相手が理解できないという状況が生まれていたことを、授業を通して学びました。

「失敗は財産」とはよく言ったものです。お叱りを受けたおかげで、今では多くの企業から「税務セミナー」の講師として声がかかるようになりました。「大手クライアントを担当している、社員向けの定期的なセミナーを開催している」という実績は、瞬く間に広がり、行政機関のセミナーの講師依頼がくるほどです。

あのダメ出しの恐怖から萎縮して逃げ出すことなく、教室に飛び込んだ一歩の勇気が功を奏している現状に、今では感謝でいっぱいです。

実例

‥人前が苦手なIT系社長は、アピール不足で売上げ減少！

福岡県在住　受講当時34才　男性

＊

PR方法を勘違い！　ユーザーに面白さを伝えきれないプレゼンはNG

＊

小さな頃から、「友だちはパソコン！」と周囲から言われるぐらい、プログラミングの制作が好きで、30才を機に、IT系の仕事で起業しました。念願のパソコン漬けの毎日で、数名の社員とパソコン画面に向かう日々でした。アプリ開発に時間を要している間は、常にシーンとした部屋の中で、めったに口を開くこともなく、話す必要性もない環境でした。

最初はパラダイスでしたが、売上げや社員の給料を考えていくうちに、サラリーマン生活が恋しくなることも少なくありませんでした。業績UPのために、自らが動かないと売上げが見込めない、うまく話せないと、せっかく開発したものが日の目を見ない。社長としてやるべきことをしないとマズイ、という局面に立たされていきました。

「好きこそものの上手なれ」という言葉がありますが、サポートが整った環境であれば、それはありだと思います。しかし、一人で何役もこなさなければならないベンチャー経営者としては、ただ単に好きなことだけに没頭していてはダメなのだということを実感しました。

さらに、同業者同士で話をするのであれば、専門用語で内容は簡単に伝わるし、それで十分ですが、アプリに対しての知識がまったくない方に向けては、ゼロベースで話さなければなりません。まずは、プレゼンテーションの強化が必要ではないか？　と、自分なりに分析して、話し方教室に通うことを決めました。

初めて先生に自分の話を聞いてもらった時に、返ってきたコメントは「エンドユーザーの目線に立った内容ではありません」ということでした。アプリを作った思いとか、アプリ制作の苦労話とか、独りよがりの言葉ばかりが並んでいたからです。先生のチェックはすべてが的確で、アプリそのものの魅力を伝えるどころか、自分たちの制作スタイルの苦労話や制作過程の難しさばかりを強調したものでした。

開発したアプリは、無計画で旅に出かけても、その場所から周辺情報が細かくわかるお知らせ機能がついたもの。地元の人からの情報でできた上がった内容で、その面白さや使い勝手をＰＲすることが理想のプレゼンテーションでした。にもかかわらず、制作寄りの自己満足のプレゼンテーションを常にしていたことに気づかされました。

また、自分自身が年上の方と話すことに慣れていなくて、言葉選びもバラバラだったのです。プレゼンテーションの前に、国語力の見直しを求められるとは思ってもいませんでした。

目配り・気配り・心配り、そして老若男女のどの年代とも雑談が交わせる会話力は、事業を強力に後押ししてくれます。何かひとつがうまくいかないと、どうしてもウイークポイントだけに固執しがちですが、状況を俯瞰して見ることが大切なのだと思いました。まだまだ、話すと「あがって」しまうこともしばしばですが、「自分があがることより、業績が上がることを第一に考えなさい！」と、厳しく諭してくれる先生の愛が、私のモチベーションUPにつながっています。

実例 ドクターの会話力不足で患者さんが減っていく

福岡県在住　受講当時47才　男性

負のスパイラルゾーンといった、病巣を作り出していたのは自分自身だった！

＊　＊

私は、親の病院を継承した2代目の内科医です。医学の道を志すことは、小さな頃から決まっていました。後に実家を継ぐことも承知していたので、まずは大学病院の勤務医として経験を積んでいました。ところが、事業の承継はまだ先のことだろうと思って悠長に構えていたのですが、父の急逝で状況が一変しました。

診察前や学会前の準備など、細々としたことは、まわりのスタッフがすべてやってくれる毎日。要所を押さえていけばよかった日々が終わる寂しさと、いきなり2代目になる覚悟と決意が追いつかない感じでした。家業について最初におとずれた関門は、医師でなおかつ経営者になるということでした。お医者「様」として、みなの前に存在することを消して、患者「様」目線で物事を感じることが求められました。これまでは医学の勉強だけを優先していればよかったのですから、商売の仕方などまったくわからない状態だったのです。

患者様のほとんどが高齢者で、その時の私は傲慢な応対をしていました。病名や検査方法なども医学用語を並べ立て、早口なうえに声は小さくてボソボソと喋っていました。「2代目さんが診てくれる」と、喜んで来院してくださっていた患者様も徐々に減っていく一方で、病院そのものの存続が危ないところまで追い込まれていました。

スタッフも、私の顔色を窺いながら動いているので、院内は疲弊した空気が流れていて、代替わり3年目で完全な負のスパイラルゾーンにいました。

そんな時に、本当に偶然なのですが、医師会が主催したコミュニケーションセミナーがあることを知りました。題目は、「ドクターの傾聴力について」。これは、自分に向けられた話だと感じ、すぐさま参加を決めました。少しの事例も聞き逃すわけにはいかないと、最前列の席を予約して会場に足を運びました。もちろん、講師は渡邉先生。聞くことすべてが初めてのことばかりで、自分が行なっていたことは間違いだらけだったことを悟りました。セミナー後は、「この縁を絶やしたくない」との一心でコンタクトを取り、すがるような思いで受講生になることを決めました。

しかし、いざ通うとなると、恥ずかしさとプライドもあり、授業は個人レッスンをお願いしました。なかなか自分自身の状況をさらけ出すのは難しく、時間も大幅にかかりました。

先生にはご迷惑をかけましたが、自分の生い立ちからの話を聞いてもらい、この状況を作り出した背景を客観視して、対策を講じていただきました。今の自分を作り出しているのは、想像力の欠如と対人対応能力が極端に足りていないことだと理解しました。いつも診断している自分が診断される立場になり、ようやく患者様の気持ちが理解できるようになりました。

日常生活で起きる事例をもとに、繰り出される数々の質問。「どう感じたかという思いが患者様の声なんですよ」という先生の言葉に、患者様の顔が浮かんで、同時に申し訳なさが心の中に広がりました。卒業後は、同じようなケースに苦しんでいる医師を見つけては、話し方教室を勧めています。

実例‥喋りすぎた43才保険営業マンの末路!?

福岡県在住　受講当時43才　男性

＊

自分は正しいと信じて疑わなかった。いや疑っていたけど認めるのが怖かった

＊

自分は四大卒なのですが、行きたかった大学に行けなかったというコンプレックスがずっとありました。性格的にも年代的にも、男気を出してなんぼというバブル世代です。流行りものや一番であることがカッコイイとされる中で、当時の最先端を走っていた通信業界に入社しました。ただ根底にはブランド力の低い大卒の肩書が、ずっと自分の中で影を落としていました。

喋ることもできるし、パソコンも人並にできる。数年先にサラリーマンを終える時に、このままでは人生に納得がいかない……いうことで、地位と名誉にこだわって転職したのが、外資系の保険会社でした。自分の得意分野が活かせる仕事と思っていたのですが、結果が数字として現われない。リピートがない。やってもやっても成果が出なくて腑に落ちない。仕事ができないという低い評価をこの先も下されるのはイヤだ、自分の伝え

方に問題があるのではないかと思い、就業後に「話し方教室」へ通うことを決めました。

教室の存在を知ったのは、会社で行なわれた社員向けのセミナーで、渡邉先生の話を聞いたのがはじまりでした。話力というか話術というか、先生の個性と的確な言葉選びが印象的で、人の話などに興味がなかった自分が、グイグイと話の本筋に引き込まれていくのを感じました。強引さや高圧的な話し方は一切感じられないのに、興味をそそられるポイントはどこにあるんだろうと、セミナーの後半はそのテクニックを知りたくて、うずうずしていました。

先生は、自分の容姿から言動までをもれなくチェックしてくださいました。自分の場合、自己顕示欲がすべてのチャンスや可能性を遮っていたのです。「喋ることが得意」としていた自分は、相手のことを思うのではなく、自分が陶酔する言葉を発して酔っていただけでした。

伝え方や会話力のダメな原因がわかると、やはり次に知りたいのは、その解決方法です。その時に、先生から指摘されたポイントは「傾聴力の不足」でした。相手が望んでいることを一切聞いていなかったのです。喋ることで自己陶酔し、成績が振るわず、お客様が離れていったという、単純なジレンマに自分はハマっていたのです。

以降、40才を過ぎて夢中になるのが不思議なくらい、傾聴力と質問力のトレーニングに努めました。要求の広がりを知ると同時に、はじめて「話す」ことに真剣に向き合ったと思います。情報収集と承認欲求を満たしていく機会が増えて、徐々に顧客から信頼をいただき、数字が努力に伴ってきました。他人を満足させることが、自分自身の喜びにつながる。肩書きだけを意識していた自分が過去のものになりました。

私はプライドは高いのですが、ガラスのハート。言葉を介して潜在的な悩みが顕在化したのが「話し方」でした。自信のなさにずっと気がつきながら、このまま放置していたらどんなシニアになっていただろう、と考えるだけでも恐ろしくなります。本当に気がつくことができてよかった！　と心の底から感じています。

第5章

場面別あがり症の克服の仕方

1 結婚式の祝辞では —— 緊張レベル★★★★★

結婚式のスピーチは、「祝辞」か「スピーチ」かの違いで緊張の度合いが変わってきます。一般的には祝辞が乾杯前で、スピーチが乾杯後と言われています。多くのみなさんが緊張を感じるシーンは、乾杯前の会場のキーンと張り詰めた空気でしょう。乾杯が終わった後のスピーチは、雑音や人の会話にかき消されて空気が緩むため、祝辞に比べてやや緊張度は低くなると言えます。

【祝辞】　新郎新婦の入場後、すぐに行なわれるのが祝辞です。物音ひとつしないシーンと静まり返った中での話ですから、想像しただけでもガクガク震えそうです。

ポイントとして、まずは目線をどこに向けるかを決めておきましょう。用意した原稿を読むか読まないか、にもよりますが、読む場合は原稿をしっかりと手で持つことが基本になるので、スタンドマイクを用意してもらいます。スタンドマイクの高さの調整も、自分で行なうのではなく、会場のスタッフの方に設定してもらうほうがいいでしょう。

原稿を読む、読まないにかかわらず、祝辞の最初と最後には、新郎新婦と両家のご両親の顔を確認するようにしましょう。この時だけは、落ち着いて原稿から視線を外してください。原稿を読む場合は、読まない時に比べて、声が一本調子になりがちです。その際に気をつけるポイントは、ゆっくりと間を開けて、滑舌に注意することです。

原稿を読まない場合は、「わたゆき式話し型」のA4サイズ1枚の紙に情報を集約してください。ラベリング（ポイントだけ）をフセンに書いて貼りつけ、それを見て順番に沿って話していきましょう。

1：あいさつ→2：新郎新婦との関係→3：新郎側なら新郎の人柄（新婦側なら新婦の人柄）→4：自分から渡せる言葉のプレゼント（偉人の言葉など）→5：締めの言葉

この5つのブロックに分けて話すのが、一般的な祝辞のスタイルです。

「話し型」フォルダの中に話す内容を入れて、頭の中で言葉を整理し、何度も話す練習をしましょう。

2 就職面接、昇給面接の対応の仕方 ——緊張レベル★★★★

就職・昇給面接は「お見合い」を想定して話すことをオススメしています。

前章までにご紹介したメラビアンの法則を思い出してください。就職・昇給面接は何と言っても、第一印象の55％を占める「見た目」がポイントになります。服装、身だしなみは当たり前のこと、その他に姿勢、歩き方、おじぎの仕方、目線、表情。これを絶対的に優先事項とすることです。見た目をよくする練習は、鏡を見て繰り返すことです。ビデオでの確認もかなりオススメです。

そして、声の38％。声が小さい、こもる、さらに滑舌が悪いと、相手に伝えたいことも伝わらないので、しっかりと声を出すことです。話す時にゆっくりと間をとるのも、ポイントになります。

面接時に話す内容は、受験者側にしたら大きな部分と感じ、ものすごく凝ってしまいがちですが、実際のところは面接官には7％ぐらいしか印象に残りません。どういうことを話そうかと、好まれそうな想定回答を用意しがちですが、それは受ける側の気持ちであって、面接官が望んでいることではないのです。つまり、何を話すかよりも、どう伝えるかで評価されるのです。

よく、想定質問を丸暗記する人がいますが、それをやってしまうと、まったくのイレギュラーの質問があった時に、テンパって「あがり症」を誘発してしまいます。そこで、自身の考え方を明確にするトレーニングから進めていただきたいと思います。

友人や家族に試験官役をお願いして、あらゆる角度からの質問に、即座に答えられるトレーニングを積むのです。鏡役の相手がいると、内容を考える力もついてきます。そもそも、自分がどういう考えを持っているか、思考をまとめることからはじめてみてください。

さらに、多くの企業が採用している「グループ面接」の場合ですが、これは試験官が相対評価として受験者の人柄を見抜こうとするのが目的です。相対評価になってくると、暗記ベースの答えは意味がなくなるので、グループ面接でも、考え方の深掘りをするトレーニングを前もって積むことです。「面接」と名のつくものに、丸暗記はタブーです。

3 選ばれるプレゼンテーションとは —— 緊張レベル★★★

「この人に決めてみようかな」「これを選んでみようかな」「自分にメリットがあるな」と、相手を納得させて意思決定を促すのが、「プレゼンテーション」の目的であり役目です。ですから前項1、2の内容に加えて、論理的な説明とその人の熱量が、「見える化」されていなければなりません。

見える化とは、表現力のことです。姿勢・目線・表情・ジェスチャーなど、つまりパフォーマンスです。そして、何と言っても声の力の存在は大きなものです。

プレゼンテーションのレベルの強化は、社内での提案力の強化にも直結します。論理的な説明の手順を踏みながら、考えをわかりやすく表現し、声の抑揚を入れた熱量を伝えることが説得力を増します。

初めてプレゼンテーションにチャレンジする方は、プレゼンターに決まった瞬間から最低でも3週間ぐらいの時間をかけて、本番に向けた練習に着手していただきたいと思います。内容を早めに作り、見た目や声の出し方の練習に時間を費やしてください。

プレゼンテーションの場合は、聞き手となるターゲットがどんな人なのか、そしてプレゼンの内容に対して、理解度のレベルがどれくらいなのか、という事前調査（情報収集）が大切になります。

相手の立場に立ってシミュレーションしてみてください。ターゲットから高評価を得るためには話術とストーリー展開が勝負になります。

4 セミナーの進め方 ―― 緊張レベル ★★

教室で講義している話し方講師たちも、毎日セミナーをやっているのに等しい状態です。以前に比べて、最近はセミナー講師という職業の人たちも増加し、セミナーを行なう環境も珍しくなくなりました。日本全国、初心者から上級者までのセミナー講師が存在し、セミナーの実施本数や聴講者の評価が講師の人気のバロメーターになっています。

セミナーの進め方は、結婚式のスピーチのロジックと大きく変わりません。いつもフォルダを意識して、今どこの項目を進めているかということを随時確認しながら進行させることが大切です。時間の長さによって、ロジックツリーがシンプルか、複雑になるかが決まってきます。

同じロジックツリーでも、セミナーの場合は応用したロジックツリーを活用することをオススメします。スピーチは3分間で勝負しますが、セミナーは基本90分間がベースになっています。時間が長くなればなるほど、ロジックツリーの内容は複雑になってきます。

スピーチは自分の考えを明確にして、周りの人に伝えることが目的ですが、プレゼンテーションは考えとともに、相手に対してメリットを伝えて、人に動いてもらうことが大前提になります。

セミナーは、自分がこれまでに学んできた専門的な内容を聴講者に伝授する、という目的があります。知識の伝授です。

それぞれに到達点が違うため、ケースに合わせてやり方を考えなければなりません。

依頼主の要望に沿った内容作りと時間配分、そして自身の持っている知識（スキル）をいかに丁寧に説明するか、がセミナーのポイントです。

5 会議の進行、取りまとめ方――緊張レベル★

会議の進行や取りまとめで重要なポイントは、傾聴力と質問力です。

会議は、設問事項や資料に出てきていない、出席者の考えをどう引き出すかが重要になってきます。議事進行役の人は、分析力・観察力・洞察力を駆使して、話者を振り分けるタイミングや当てる順番を瞬時に見極める能力が必要です。

会議のテーマに対する知識度が、参加者の中にどれくらいあるのかを見計らいながら、用意された会議の時間（たとえば、1時間なのか3時間なのか）の配分を考えなければなりません。

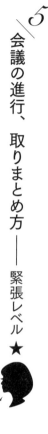

会議を効率よく進めるためにも、それらを前もって考えておくことが大切です。そのためには、会議のための設計図を事前に準備しておくことです。それをしないと、会議の質が上がらず、配布した資料の確認だけに終わってしまいます。

会議の場合、前もって出席者がわかる場合とわからない場合があります。どんな状況にも対応できる、場の洞察力を磨くには、常日頃から次に起こることの可能性を意識していることが大事になります。

さらに会議の進行というのは、場数経験も大きく作用するため、回数を重ねることで緊張の度合いもかなり変わってきます。

当社の「ファシリテーションコース」は、会議進行のとりまとめを学ぶコースです。このコースでは、「傾聴力」と「質問力」を強化することを重視しています。

6 婚活イベントで成功する方法 ―― 緊張レベル ★〜★★★★★ 人による

婚活イベントで自分から話せる人は、ほんの一握りかと思います。参加される人は比較的おとなしい人が多いという気がします。

人生のパートナーが決まるという大舞台。そのプレッシャーからいろいろな気持ちが出てきて、ふだんは話せたとしてもこういう場面になると話せなくなる、いわゆる内弁慶の人が多い気がします。

少し前のことになりますが、当社でもレッスンの一環として、婚活イベントを行なったことがあります。マッチングのテクニックや、男性や女性それぞれが好む会話内容をピックアップした講座をイベント前に行なって、その後に合流というカタチをとりました。

そこで気がついたのは、思った以上に自分の心を出せない人が多いということです。相手からきっかけを作ってもらって、いろいろと質問されたら答えられますが、自分から質問するということができないのです。「喋ることはできても、会話のボールが投げられない」という人が、婚活パーティーに集まることが多いのです。

きっかけをもらえたら、延々と喋ることができるのに、きっかけがないと自分から会話の糸口を見つけられない、そして他人に質問ができない。ここのポイントが、婚活パーティーで成果を得られない理由のひとつになっていると思います。

【成功ポイント1】

モテたい、という気持ちがあるのであれば、相手をその気にさせるポイントは、前項と同様、「質問力」と「傾聴力」の２つです。銀座のナンバーワンと称されるホステスさんは、この点を熟知しています。

男性の場合は承認欲求が強いので、プライドを満たしてあげることが大切です。「うんうん」と話を聞いてあげて、否定しないで相槌を打つことです。さらに、それをもっと聞きたい！という質問アピールをすることです。

しかし、ただやみくもに質問をすればいいということではありません。話している内容の本質に近づいているキーワードの質問を相手に送ることです。つまり、相手が話した重要キーワードを反復する質問をするのです。そうすると、相手にも話した言葉が耳に残り、心地いい感情が生まれて、話すことが楽しくなってくるのです。

重要キーワードの反復を、ぜひやってみてください。

「この人といると楽しいな」「この人とだったら居心地がいいな」「この人だったら自分のことをわかってくれるな」という共感が生まれれば、好きになりはじめます。これは男性だけでなく、女性も同様で性別は問いません。

【成功ポイント2】

この人と付き合いたいと思うのは、やはり第一は「見た目」。これは重要です。しかし生活となると、長い時間をともにするため、話が合うというのが一番大事ではないでしょうか。

婚活パーティーで、相手を目の前にしてあがってドキドキしているところに、恋愛感情のドキドキが加わって、気持ちがゴチャついてしまったときは、相手の左側（心臓側）に座ることをオススメします。恥ずかしくて目も合わせられない時に効果的です。

対面だと、相手の目を見て話すことが多くなりますが、相手の左側に座れば、見つめることも、視線を外すことも比較的容易にできます。

視線を送るタイミングは、「ここぞ！」という言葉を発する時、たとえば、「私、これが趣味なんですよ」と思いを込めて言う時に、その語尾に合わせることが大事です。

【成功ポイント3】

40代の女性での婚活シーンでよくあることですが、相手の男性にたくましさや行動力を求めがちです。しかし、そういう願いがかなう男性は残念ながらほとんど残っていません。

そこで少し年齢が下の男性とお付き合いするときには、自分の考えや理想を少し変えることです。30～40代前半の男性は、収入よりも自分の時間を大切にしている人が多いので、自分の生活イメージを切り替えなければなりません。

世代に応じた質問力と傾聴力を使わないと、たとえ話し方のテクニックがうまくなったとしても、会話のポイントがずれたままとなり、マッチングに結びつかないということになります。

※★の数と緊張レベルについて

緊張レベルを表わした星の数は、あくまで著者が感じた目安です。★が5つの結婚式のスピーチは、「公的な要素が強い」という理由からです。スピーチは、自分自身のアピールになるので、代替がない状態で話すことになり、緊張度が高くなります。

セミナーは自分の調べたことの発表に置き換えられ、プレゼンテーションは何かに対して、自分以外の人に動いてもらうという背景があるので、代替があると見なされます。

就活面接や婚活は自分の人生が決まる場面に接するので、各々の緊張度に幅が出ると考えられます。

またセミナーは、話す時にあがり症をフォローできる「知識」があり、会議の進行も、「テーマや資料」の内容に戻ることができます。ただし、スピーチ自体は自分のみで勝負することから、緊張度（あがり度）が高いと言えます。

まとめ

自分がなりたい人になるためには、伝え上手がカギ!

仕事と子育てを両立させながら生きてくると、自然に時間の使い方を工夫するようになります。加えて、MCやリポーターを長く務めてきた経験から、一定の時間内に効率よく動くスタイルが身につきました。子どもが小さな頃は、「幼稚園バスのお迎え時間」を基準に、打ち合わせや収録の予定を入れ、時間配分を行なっていました。

同業者と一緒の仕事の場合は、ある程度の時間の予測が立つのですが、結婚式のMCの打ち合わせなど、相手が一般の方で、なおかつ初めて会う人との打ち合わせでは時間の予測が立てられなくて、そのおかげでいかに彼らの気持ちと状況を汲み取って、私のファンになってもらい、こちら主導で時間を取り決められるようにしたらいいかを学ぶことができました。

すべては、「幼稚園バスのお迎え」に間に合うこと。私のベースになっている「短く・わかりやすく・的確に」という、伝え上手になるコミュニケーションスタイルの裏側には、限られた時間をやりくりする母親の思いがあるのです。

この時の経験が、「話し方教室」の根幹となるロジックツリーを生み、テキスト作りにも反映されているのです。書籍からの知識も多いのですが、私の場合はほぼ実体験が占めていると言っても過言ではありません。

まとめのタイトルになっている「自分がなりたい人になるためには、伝え上手がカギ！」というのは、自分の置かれているポジションをまっとうするためには、いかに相手サイドに立って行動できるかということです。私の実体験もそうですが、第5章の場面それぞれにも言えることなのです。

◆スピーチコンテストについて

人は、「発表会」と名のつくものがあると、目標が設定され、モチベーションが高まります。人間の最上級の欲求は自己実現であり、さらに人から認められると、それが生きがいに変わっていきます。ですから、いつもは教室の中だけで進めている「スピーチ」を、大舞台で多くの方の前で行ない、受講生に達成感を味わう経験をしてもらいたいと考えました。そうすればその後、職場やプライベートで、もっとラクに自分自身を出せるのでは？　と。これが「スピーチコンテスト」をはじめた理由です。

だったらいっそのこと、ホテルの大きなステージにこだわって発表の機会を設けてみよう！と発案したのがそもそものはじまりですが……。しかし、受講生の反応は私の思いとは真逆なものでした。

「先生～、勘弁してよ」「私たち、話し方が苦手で来ているのに、ホテルのステージって何ですか！」と、それはもう非難の声ばかり。しばらくはブーイングがやみませんでした。支持率「0」。ですが、「発表会」には「発表会」の壇上に上がった人にしか見えない景色があるのです。MCの経験もした私は、その景色の美しさを知っている一人です。壇上での経験を、愛する受講生に、そして講師陣も受講生と強力なタッグを組み、共に坂道を登ってほしいと思い、半ば強引に進めていきました。

あがり症の原因は、「対人」。克服するのに、こんな近道はありません。その先を見てもらいたい。苦難の先には喜びが待っています。その先を見てもらいたい。やった人だけが見えるその景色を体感してもらいたい、と願うばかりでした。もちろん指導は慎重に、講師も意識レベルを上げて気が休まることのない日々です。

あがる場面の解決は、あがる場面でしかできないことを説得し、本当に悩む場面の予行演習だと話して、創業1年目から「スピーチコンテスト（通称：スピコン）」を行ないました。

壇上に上がるまではブルブルと震えていた受講生も、スピコンを終えると発言がガラリと変わり、「先

生、スピーチ簡単！」と言い、オブザーバーで会場に来ていた人にも「次は、出てみたら？」と、人もガラリと変わった様子。ひとつの壁を越えた時、人は著しく成長するのです。

最初は1年に1回だったスピコンも、今では春・夏・秋の3回予選を行ない、予選を勝ち抜いたメンバーが、頂上決戦であるチャンピオン大会に出場するという流れに変更しました。また、スピコンは壇上に上がる人だけのものではなく、壇上に上がれない人も会場内で登壇者の審査員を務めることで、併せて「傾聴力」「分析力」を鍛えるという全員参加型のスタイルです。

スピコン前の授業は、まさに戦場です。受験前の生徒を抱える「予備校」状態。決戦の日を前にして、繰り返し「スピーチ」の練習を行ないます。大の大人が、目標に向かって一直線です。とてつもないパワーを宿し、今までにない力を発揮しようとします。この環境が、受講生の伸び代をグッと引き上げるのです。

「舞台は私が作るから！」という強気な私の言動に、講師陣も受講生も驚きながらもついてきてくれたことに感謝しています。当社は、「脱！　あがり症」のためのステージを「スピーチコンテスト（通称：スピコン）」という名で用意しています。どうぞ読者のみなさんも、ぜひ会場に足を運んでみてください。

◆話力検定について

話力検定は、「日本話し方協会®」が主催する、『話す力』や『ビジネスコミュニケーション能力』を総合的に確認するための検定です。「社会に通用する話し方」を目的に、話し方技術の幅広い知識や技能を習得し、思考力・伝達力・表現力のステップアップの指標として、年2回実施しています。

受検会場は当社の天神校か、もしくはWEB受検となり、検定に合格した際は合格証を手にする他、履歴書の資格枠に合格級数を記入できます。

当社を立ち上げた際に、自分の話力をアピールする指標や資格が存在しなかったことが、「話力検定」を作るきっかけになりました。

▲話力検定の受験の様子

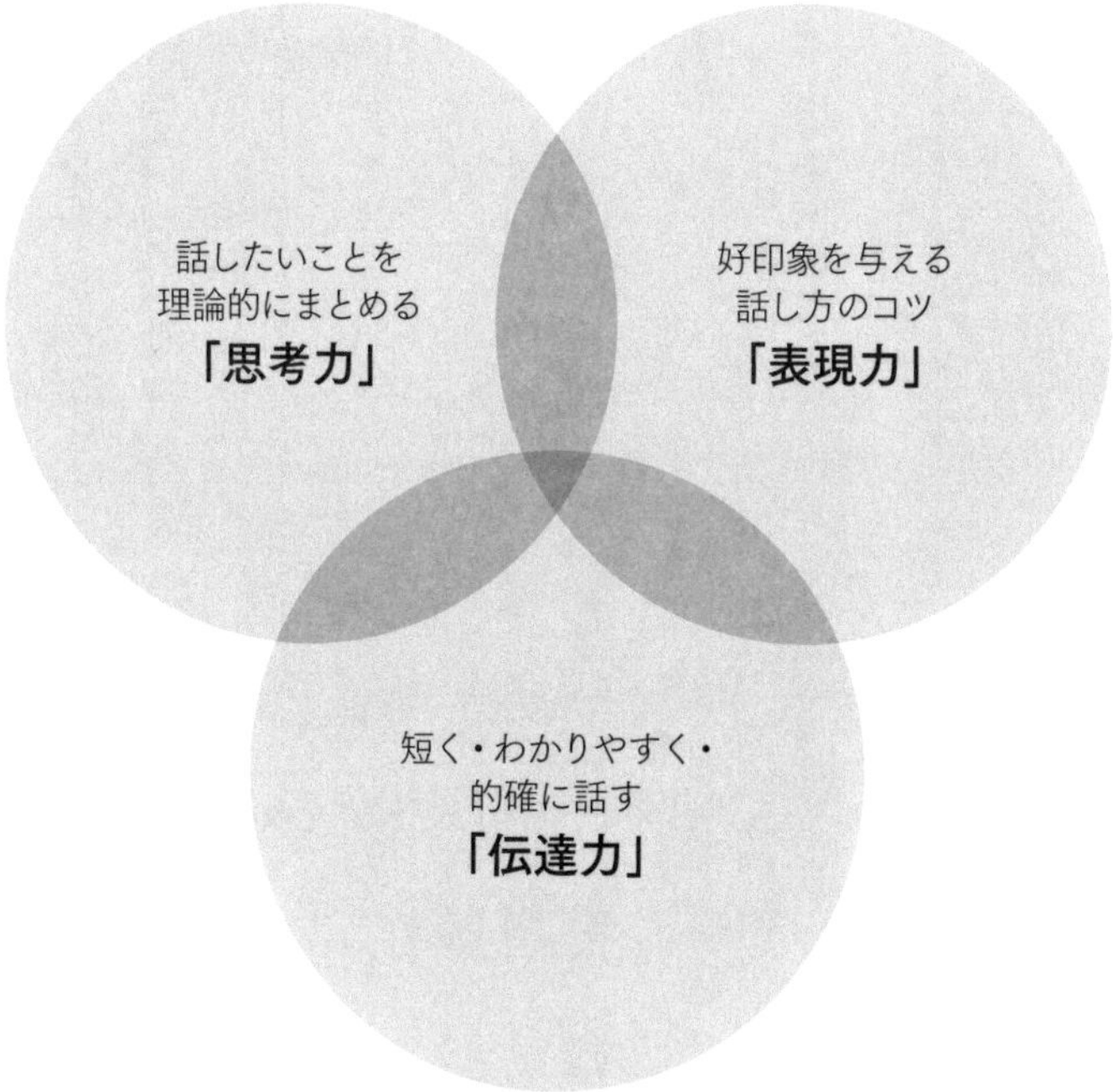
話したいことを
理論的にまとめる
「思考力」
好印象を与える
話し方のコツ
「表現力」
短く・わかりやすく・
的確に話す
「伝達力」

話力検定の目的

1：社員のコミュニケーション能力や会話力を数値化する際に
2：スキルアップの指標とするために
3：資格取得や就職活動の一環として
4：日本語の習熟度の確認として

これらが話力検定の役割です。

最近は国内だけでなく、日本語を母国語としない人たちの受検も増えてきました。日本国内や海外の日本企業に勤める外国人にとっても、アピールの機会になるようです。話力検定を受検することで、自身の話し方のレベルを確認できるとともに、対外的にも強力なPRになります。

「話力検定」でぜひ一度、自分の伝達能力をお試しください。

https://waryoku-kentei.jp/

実例

‥お金もない、知識もない、人脈もない。著者自らの起業ヒストリー

「お金もない、知識もない、人脈もない」――6年前の私は、起業に必要な3つを準備しないまま、「話し方教室」を起業しました。そもそも起業にいたったきっかけは、「話す場面で困っている大人が多くいたから」です。われわれは生まれてから、言葉を発する機会は毎日繰り返されるのに、学校でも家庭でも「話し方」を習う機会がないまま、社会に放り出されてしまいます。「進学や就職、場面を機に話し方を変えなさい」と言われても、対応できない人たちが悩みを抱え、話すことに緊張し、解決法が見出せないまま、困惑している多くの現状を目の当たりにしたのです。

「この人たちのために、私ができることって何?」留学していた中国から帰国して、考え方と行動力にたくましさが身についた私は、「起業をして何かをなすのではなく、私ができることで、人の『話す・あがる』悩みを解決に導きたい」という思いがだんだんと大きくなっていったのです。

私にないものを探したらキリがない。しかし、あるものに目を向けたら、そこには約20年の間に2000件を超す、MCの経験値があったのです。

「自分自身が話すことで悩んできたからこそ、困っている人の一番近いところで寄り添うことができる」と、私の中で揺らぐことのない感情が生まれ、「できることからはじめてみよう！」という思いだけで、起業という新しい扉を開きました。

所持金は、34800円。

家族のためのお金はあっても、自分で自由に使えるお金は、34800円しか持っていなかったのです。この当時、34800円という金額は、私の中ではかなりの大金でした。「これしかない」ではなく、「こんなにもある！」と思わせてくれた34800円でした。この34800円は、30000円をホームページ代に使い、3000円を名刺代に使いました。チラシは友人の会社で作ってもらい、元データをコピーしたという感じです。34800円はあっという間に消え、実際に「0」からのスタートをすぐに経験できました。

続いて、知識と人脈。セミナーって何？　講師業って？　資格も何も持っていない。私にあるものはリポーター、パーソナリティー、MC、そして……隣国の中国に行ってきたという経験のみ。人脈も友だち以外は、ほとんどが「えーっと誰だっけ？」っていう感じでした。その友だちも、ほとんどがPTAやパート仲間で、俗に言う「ママ友」でした。

起業のことで相談しても、「えー、どうするん！」「そうよねー！」「すごいよねー！」と、感嘆符のついた返答ばかりがカフェの中で交わされました。仕事を介して知り合った人の名刺を集めても、残念ながら今後のことを相談できるような人はいなくて、本当に「何もない」状態だったのです。

起業といっても、オフィスを構えるわけではなく、まずは自宅1階の片隅に自分のコーナーを作るだけでした。自宅がある場所は、海が近い郊外。「話し方教室を開いても、人は来ないでしょ」という感じでした。

人を招くことが難しいのなら、自らが出かけて行こうと気持ちを切り替え、子どもたちがお世話になった公民館へ行きました。開業のごあいさつと話し方の部分で何かお返しできることがあったら、喜んでさせていただこうという気持ちだけです。ほとんど熱量だけで動いているチャレンジャーでした。

こんな状態にもかかわらず、当時の館長さんからは、「わぁ、話し方教室ですか！すごいですね！」と、これまた友だち同様の感嘆符。されど、有難いことに友だちと館長が異なった点は、大風呂敷を広げた私のために、近所の高齢者を中心に聴講者を集めてくれたことでした。初めて行なった公開教室は盛り上がりましたが、テキストにもの足りなさを感じ、不完全燃焼の私がいました。これで進めていくのはマズイなぁと違和感を覚え、しだいに話し方に関連する資料を読み漁るようになりました。また、同時に自社のPRを忘れるわけにはいかないと、会う人会う人に「話し方教室」のチラシと名刺をセットに手配りを欠かしませんでした。「北九州市の公共施設を借りたら」とか、「起業家が集まる朝会に出てみたら?」とか、自分が情報を出すことで、私の元に新たに情報が集まってきました。起業家としての芽が少し出てきたかな? と実感した毎日は、これまでの毎日とは確実に違う景色でした。

日に日に、多方面から情報が入ってくるようになり、数カ月後には公共施設内にデスクが持てる話が舞い込みました。「子どもの食費を少し削ったら何とかなるかな?」と、身を切ることよりも食費を削るというおおらかさは、私の愛すべき長所。少しの負担でオフィスが持てるのならこんなに有難いことはない、と軽い気持ちで公私を分ける決断をし、その後、人を雇わないといけないかも、会社としての基礎的知識が必要かも、という気持ちが働いた頃に、タイミングよく「創業塾」に入塾することができました。

入塾はしたものの、聞きなれない専門用語に悪戦苦闘する毎日で、心が少し折れそうになったのですが、支えてくれたのは志を同じくする創業の友でした。自分ができないことは、できる人に頼む。パソコンでのチラシ作りや印刷物は、創業の友である専門家にお願いするほうが早いと考えを切り替え、自分の事業に集中するようにしました。

人脈づくりの大切さを知った私は、各種団体に登録し、顔と名前を覚えていただけるように、とにかく動きました。動けば動くほどいろんなところからお声がかかり、実績を作るためにセミナーを多数行なったのです。大企業での実績は評価となり、中小企業にも販路が伸びていきました。

今だから話せますが、テキストは1週間に1回ある授業の積み増しで完成したようなものです。1回の授業に1枚のテキストを作成し、授業直前に必要枚数をコピーして、生徒さんには紙のあたたかさを感じるテキストを渡して授業を進めていました。火曜日の授業の時は、前週の水曜日から必要項目を書き出し、1週間の時間の中で伝えたいことをA4用紙1枚の中にまとめていきました。創業してからの1年は、ほとんど毎週がテキスト作りでした。窓のないオフィスは昼夜を感じることもないので、メソッドやロジック作りにも有効でした。まさに走りながら作る。自分自身を追い込むことが、結果的によかったと思っています。

私の方針についてきてくれた講師には、「話し方教室」の受講生もいれば、外部からの人もいます。講師としての基準値を明確にするためにレベルを設定して、一定評価に達した人に講師として所属してもらいました。各コースの広がりも、ベーシックコースに通ってくださった生徒さんからの場数を増やしてほしい、というリクエストの賜物です。

創業からの6年間は、人に育てられ、人に助けていただいた時間でした。

先日、6年ぶりに中国に行ってきて、「中国は生きるために生きている。日本は死ぬために生きている」という感じを受けました。情報も衣食住も得られる環境が整っている日本ですが、何だか生命力に欠けている感覚を否めませんでした。まだまだ上を目指そうという中国の意欲は、高度成長期の日本そのもので、滞在期間中に創業時の思いを振り返ることができました。あらためて、中国での「何もない」「自らが生み出すしかない」という過酷な体験が、私自身を強くして、何もないところから「コト」を生み出していく、たくましさを授けてくれたと思っています。

「お金もない、知識もない、人脈もない」。ないからこそ、「ある」ことの有難さに気づくことができ、「ある」ことを頼りに動くことができたと思っています。それと、物事を進めるためには「思い」が必要で、どう人を巻き込んで、どう人に聞いていくか（質問）だと実感しました。本を読む時間がないのなら、私は見識のある人に会って、話を聞く（傾聴）というスタイルを選択しました。

別の章でもふれましたが、私は「一石二鳥」という言葉が大好きです。話すだけでなく、質問力と傾聴力がセットになれば、コミュニケーションは大きく増強されます。今後も、このスタイルを継承しながら、私なりの「話し方」&「話し型」にこだわっていきたいと思っています。今思えば、私自身が「話し型メソッド」に最も助けられた一人なのです。だからこそ、心から「ロジック」を理解していただき、身につけていただきたいと願うのです。

「自分自身が話すことで悩んできたからこそ、困っている人の一番近いところで寄り添うことができる」。自らが歩んできた道のりと、体験してきた事象があるからこそ、「脱！あがり症」にかける思いが強くなりました。「できない」は「できる」を、「ない」は「ある」を気づかせてくれるチャンスの言葉です。「脱！　あがり症」は行動した人に、チャンスを運んできてくれると信じています。

エピローグ

これは、ギフトだ……。昨年の晩秋に、私は彼を見送りながら、そう感じていました。

2017年11月、頼りにしていた講師が、急病で長期の休養をとることになり、私はその講師が担当するはずだった、個人レッスンのピンチヒッターを務めることになりました。教室も6年目。少しずつ事業も軌道に乗り、最近は特定のコース以外は講師陣に任せることが多くなっていました。年末に向かって気忙しい時ではありましたが、とにかくレッスン現場が好きな私としては、新しい受講生と向き合える時間は楽しみで仕方がなかったのです。

担当した受講生は、北九州から天神校に通学を希望している40歳のイケメン男性で、父親の事業から独立して新たに会社を作った人でした。とにかく話すことが苦手で、人前に出て話す場面は、これまで回避し続けてきたということでした。けれども、会社の業績が伸びていくほど、人前に出る機会が多くなり、むしろその業績を恨んでしまうこともあるということでした。過去には気持ちを強くするために、いろいろな研修を受けていたようですが、メンタルを病んでしまい、逆効果だったことも話してくださいました。また、各種パーティーや会議に関しても、会場の広さがプレッシャーになり、できるだけサイズの小さいところを選択していたそうです。

個人レッスンは、それぞれの受講生のニーズに合わせたプログラムを組んで進めていますが、基礎的なことはすでに本から得ていて相当なものでした。このことからも、話し方にコンプレックスを抱いていた、これまでの状況が窺えました。……なのになぜ、時間を経ても人前で話すことができない……。日に日に、「自分はダメな人間なのでは？」というプレッシャーが大きくのしかかり、その結果、家族にも心を許せないまでになっているということでした。

そこで、近々社内の忘年会がある、ということを耳にしていたので、レッスン内容を忘年会用スピーチに変更しました。「さあ、リハーサルなので気楽にいきましょうね」という言葉を添えてレッスンスタートです。

まず、話したいことの要点をまとめて、「話し型」の中にラベリングを入れて1回目のスピーチです。すると、ロジックに添った言葉がアドリブでスラスラと出てきました。

そして2回目は、「次はビデオチェックをするので、私のほうを向いて話してみましょう」と、目線を意識してもらうために、あえてこう言葉を添えてみました。彼はしっかりとビデオに目を向けて、ゆっくりと言葉を噛みしめてスピーチをし、余裕のあるおじぎで話を締めくくったのです。

あまりにも堂々たるスピーチで、すぐさまビデオを見てもらおうと、声をかけてみると……。彼はピクリとも動く様子がなく、天井をジッと見つめるばかりでした。あれ？　どうしたのかな？　と思い、もう一度、「◯◯さん」と声をかけると……何と目を真っ赤にしていました。

「できた……。初めてできた……」。声が震えていました。そしてその後に、「この40年間、本当に苦しかった……。でも、伝えたいことを自分の言葉ですべて話せた……」と、声を詰まらせながら、力をふり絞って話してくれました。

感動とは、こういうことを言うのかと、私自身も心の底からウワッ！　と熱いものが湧き出してきたのです。

殻が破れて、人が進化した瞬間の出来事でした。

「あがる」「緊張する」――この目に見えない魔物は、人それぞれに生きてきた背景の中で、精神にも影響してきた奥深いものです。彼の言葉と彼の表情を目の当たりにし、これまで背負ってきたものがこんなにも大きかったのかと痛感しました。

ですから、あがり症を表層で何とか誤魔化そうとしても、本人の心は満たされないのです。

日々、受講生たちの「あがる」「緊張する」という感情に、最も近いところで関わっていると、一人ひとりのそれぞれの背景を痛いほど感じます。この奥深いものへの対処法は、やはり話し方に潜んでいます。

この受講生も、あらためて「原点」を教えてくれました。

彼は、「先生、今までの時間が取り戻せるのであれば、僕は仕事よりも優先して、これからも話し方教室に通います。もっと上手くなりたい!」と高らかに宣言し、晴れ晴れとした表情でたくさんのお礼の言葉を残し、教室を後にしました。

私のこの日は、受講生から「原点」という大きなギフトを受け取った日でもあったのです。

そもそも日本語が話せるのに、どうして話し方を学ぶの？　話し方って習うものなの？

そう考える人も多くいることでしょう。しかし、今の社会はSNSの普及で情報化社会。人と人との関係が希薄になっています。けれども社会や組織は、人にコミュニケーション能力を求めています。このギャップは、ますますあがり症を多く作り出すことになるでしょう。しかも、「あがる」という現象は今も昔も変わりません。「対人」から発生するからです。だからこそ、あがり症には免疫をつけておかなければならないのです。

時代が激変する社会で生き抜くには、話し方教室に通ったり、話し方を学ぶことは恥ずべきことではありません。むしろ、時代の一歩先を行くことではないでしょうか。

「お喋り」と「話す」は大違いです。思いついたことを口にしても、相手には伝わりません。相手に合わせて、場面に沿った言葉を選び、相手の時間を奪わないように、「短く・わかりやすく・的確に」に話すことは、最上級のおもてなしなのではないでしょうか。相手から喜んでもらい、認めてもらい、必要とされる人になることは、そもそも人間が持っている承認欲求を満たしてくれます。

また、人間の最上の欲求と言われる成長欲が満たされるのは、自己実現が達成された時です。そのためには、周囲に自身のスキルを伝え、拡散しなければなりません。自分自身で抱えているだけでは、宝の持ち腐れになってしまいます。話し方の知識の取得と場数トレーニングによって、伝達スキルが確実に体得できるのです。


『話し方とは、その人が持つ能力ではなく、ひとつのスキル』


これからの時代を、さらに強く生き抜くスキル。ビジネスキャリアスキルとして、「話し方」のスキルは必要不可欠なのではないでしょうか。

「話し方」を意識してみたら、「考え方」が変わった。「考え方」が変わったら、「表現」が変わった。「表現」が変わったら、「自信」が加わった。「自信」が加わったら、「人前」が楽しくなった。

気がつけば「あがり」が減っていた。

『人前で人並に話せるようになると、人前が少し楽しくなっていた』

みなさんの考えや、これまで学んできた専門知識を周りにしっかりと伝えることができる。するとより多くの人に理解され、認められ、評価され、さらには相手に必要とされる人になる。そしてそれが、自分にとっての自信につながる。

この世に生まれ、人と人とがつながる喜びを、大いに感じる経験をしていただきたいと願うばかりです。

人っていいなぁ。人前って楽しいなぁ。それが生きる力になる。

本書を読んで、もし自分も何とかやれそうだな……と、一歩を踏み出す勇気が持てたら、相手に伝えたい「内容の作り方」、自分自身の「クセの見つけ方」、そして声の作り方・表現方法をしっかりと学んで練習してみることが大切です。

すると、今まで苦手だった人前が、気がつけば、「人前が楽しくなってきた！」……という日が必ずやってきます。

あがりからの脱却……『脱！　あがり症!!』

その日が読者のみなさんに訪れることを心から願っています。

そして、最後になりましたが、ここで一言書かせてください。この本は、これまであがり症に悩み、克服してきた受講生と講師の物語であり、解決に向けたノウハウ本です。ですから、私一人で作ったものではなく、受講生と講師のみなさんの協力があったからこそ完成できたのです。

また、この本を書くきっかけを作ってくださった、eBayで活躍されている藤木さん。九州出版会議を支えてくださっている米満さん。今泉さん。これまでの20数種類の企画書を、嫌な顔ひとつせずに読み、ここまで導いてくださった古市編集長。多くの方々の支えのおかげです。心から感謝しています。

渡邉　由規

練習問題の解答

練習問題1

① 冷蔵庫の中に、いろいろなお酒があります。

② 私も、社会人として自立した。

③ 頂上からの眺めは、素晴らしい。

④ 兄は、明後日海外へ出発する。

⑤ 彼こそ、日本の首相にふさわしい。

練習問題2

昨日　私は　自宅で　一カ月も掃除していなかったので　隅々まで丁寧に　机の中を　掃除した

（いつ）（だれが）（どこで）　（なぜ）　（どのように）　（何を）

練習問題3

助詞問題

① 私「**は**・と」元気だ

② 海水浴「**に**・が」行く

③ 子ども「**と**・に」遊ぶ

④ 家「が・**へ**」帰る

⑤ ごはん「に・**を**」食べた

⑥ 音楽鑑賞「を・**が**」趣味だ

⑦ チラシ「**を**・に」配る

接続詞問題

⑧ 運動した「が・**ので**」汗をかいた

⑨ 早めに出発した「ので・**のに**」遅刻した

⑩ 雨が降っている。「 そして ・ だから 」風も吹いている

⑪ 今日は暑い。「 そして ・ だから 」クーラーをつけよう

⑫ 今日は暑い。「 だから ・ しかし 」クーラーはつけない

⑬ グラスを落とした。「 だから ・ けれど 」水がこぼれてしまった

⑭ 運動が好きだ。「 しかし ・ そこで 」サッカークラブに入った

練習問題4

① 父に頼まれて荷物「 を・まで・も 」実家まで取りに来た

② 母「 と・そして・の 」姉が一緒に買い物へ出かけた

③ 駅「 に・まで・へ・から 」到着した

④ 私「 は・も・と・の・でも・に 」小説を読む

⑤ 彼は勉強もできる「 し・ので・から・うえに・が・それゆえ・だから 」人気もある

⑥ 身分を証明するものとして免許証「 と・または・さらに・もしくは・あるいは 」保険証の提示をお願いします

⑦ この人は、母の姉です。「 つまり・よって・したがって・すなわち・ゆえに 」伯母です

⑧ テスト勉強をしっかりした。「 だから・よって・そのために・そして・その結果・おかげで・すると・したがって 」今回は100点がとれた

⑨ テスト勉強をしっかりした。「 しかし・ところが・にもかかわらず・しかしながら・それなのに 」今回は点数が悪かった

⑩ 今日は母の手伝いで洗濯をした。「 そして・そのうえ・それから・なおかつ・にもかかわらず 」掃除もした

著者　渡邉 由規 からの お知らせ

【株式会社SCAi（スカイ）渡邉由規話し方教室】

■ホームページ　http://scai.co.jp
■講師ご依頼・お問い合わせの窓口
フリーダイヤル：0120-171-725　E-mail：info@scai.co.jp
〒810-0001　福岡市中央区天神1丁目15-2　MJビル5F（10:00～19:00）

■ブログ　話し方向上委員会～SCAi渡邉由規話し方教室スタッフブログ～
https://ameblo.jp/scai-hanashikata
■Facebookページ　渡邉由規 話し方教室
https://www.facebook.com/yuki.cotoba/
■Instagram
scai_hanashikata
■LINE@　渡邉由規 話し方教室
ID：@ljl5611y　【LINE@QRコード】

【話力検定】

■日本話し方協会®
話力検定ウェブサイト　http://waryoku-kentei.jp/

読者の皆さまへ
特別なプレゼント

各種セミナーや講座情報を優先的にお知らせします。
「メールマガジン」のお申込み、「話し方教室」の様子は
下記のQRコード、もしくは専用サイトよりご登録ください。

出版記念ダウンロードページ（無料）

「メールマガジン」「話し方教室」特典情報や詳細については、下記までどうぞ。

【QRコード】【専用サイト】
http://scai.co.jp/agarisho/

著者略歴

渡邉由規（わたなべ　ゆき）

■株式会社 SCAi　代表取締役　■「渡邉由規 話し方教室」代表講師
■「日本話し方協会」理事長　■「日本話力検定」推進委員会　委員長

福岡県北九州市出身
地元の大学を卒業後、大手企業の秘書として働き、その後子育てと並行しながら約 20 年間テレビ・ラジオのリポーター、MC など 2000 件以上の実績を経て、2012 年 3 月、福岡県北九州市にて株式会社 SCAi（スカイ）の前身「渡邉由規話し方教室」を立ち上げる。
相手に伝わる「話し方」をベースに、ビジネスパーソンに必要なキャリアスキルとしてプログラムを開発し、開校から現在までの 6 年、延べ 1000 人以上の受講生のあがり克服に向けて指導している。その実績と受講生の声から、北九州校に続き、2013 年 4 月福岡天神校を開校する。講師陣も元アナウンサー、CA、MC、教師出身と豊富に揃い、またその育成にも余念がない。
2013 年 9 月日本話し方協会を発足し、社会で通じる話し方を総合的に確認する『話力検定』を開始する。

脱！　あがり症
～あがり症受講生 1000 人を救った“わたゆき式話し型”を身につけよう～

平成 30 年 6 月 25 日　初版発行

著　者 ―― 渡邉由規

発行者 ―― 中島治久

発行所 ―― 同文舘出版株式会社

東京都千代田区神田神保町 1-41　〒 101-0051
電話　営業 03（3294）1801　編集 03（3294）1802
振替 00100-8-42935
http://www.dobunkan.co.jp/

ISBN978-4-495-54003-6
印刷／製本：萩原印刷
Printed in Japan 2018